신기하고 재밌는
개도감

신기하고 재밌는
개도감

초판 인쇄 2025년 7월 07일
초판 발행 2025년 7월 17일

펴낸이 씨엘
펴낸이 진수진
펴낸곳 혜민BOOKS

주소 경기도 고양시 일산서구 일산동 1093
출판등록 2013년 5월 30일 제2013-000078호
전화 031-911-3416
팩스 031-911-3417

* 본 도서는 무단 복제 및 전재를 법으로 금합니다.
* 가격은 표지 뒷면에 표기되어 있습니다.

차례

01. 삽살개 · 7
02. 차우차우 · 9
03. 아키타 · 11
04. 골든리트리버 · 13
05. 래브라도리트리버 · 15
06. 세인트버나드 · 17
07. 마스티프 · 19
08. 클럼버스패니얼 · 21
09. 보스롱 · 23
10. 로트와일러 · 25
11. 그레이하운드 · 27
12. 와이머라너 · 29
13. 아이리시세터 · 31
14. 잉글리시세터 · 33
15. 보르조이 · 35
16. 아프간하운드 · 37
17. 그레이트데인 · 39
18. 자이언트슈나우저 · 41
19. 알래스칸맬러뮤트 · 43
20. 벨기에시프도그 · 45
21. 올드잉글리시시프도그 · 47
22. 브리아드 · 49
23. 그레이트피레니즈 · 51
24. 뉴펀들랜드 · 53
25. 버니즈마운틴도그 · 55
26. 티베탄마스티프 · 57
27. 도베르만 · 59
28. 블러드하운드 · 61
29. 진돗개 · 63
30. 풍산개 · 65
31. 동경개 · 67
32. 저먼셰퍼드 · 69
33. 시바이누 · 71
34. 사모예드 · 73
35. 콜리 · 75
36. 보더콜리 · 77
37. 시베리안허스키 · 79
38. 불테리어 · 81
39. 불도그 · 83
40. 차이니즈샤페이 · 85
41. 달마티안 · 87
42. 비즐라 · 89
43. 포인터 · 91
44. 살루키 · 93

45. 브리타니 · 95
46. 잉글리시스프링어스패니얼 · 97
47. 노르웨이언엘크하운드 · 99
48. 홋카이도 · 101
49. 복서 · 103
50. 비어디드콜리 · 105
51. 시코쿠 · 107
52. 에어데일테리어 · 109
53. 카이 · 111
54. 키슈 · 113
55. 몰티즈 · 115

56. 시추 · 117
57. 요크셔테리어 · 119
58. 친 · 121
59. 치와와 · 123
60. 푸들 · 125
61. 포메라니안 · 127
62. 파피용 · 129
63. 비숑프리제 · 131
64. 페키니즈 · 133
65. 라사압소 · 135
66. 코튼드툴리어 · 137
67. 케언테리어 · 139

68. 실리엄테리어 · 141
69. 브뤼셀그리펀 · 143
70. 차이니즈크레스티드 · 145
71. 퍼그 · 147
72. 프렌치불도그 · 149
73. 보스턴테리어 · 151
74. 닥스훈트 · 153
75. 웰시코기 · 155
76. 바셋하운드 · 157
77. 코커스패니얼 · 159
78. 스탠더드슈나우저 · 161
79. 베들링턴테리어 · 163

80. 비글 · 165
81. 미니어처핀셔 · 167
82. 이탈리안그레이하운드 · 169
83. 바센지 · 171
84. 휘핏 · 173
85. 풀리 · 175
86. 미니어처슈나우저 · 177
87. 셰틀랜드시프도그 · 179
88. 스코티시테리어 · 181
89. 아펜핀셔 · 183
90. 캐벌리어킹찰스스패니얼 · 185
91. 폭스테리어 · 187

삽살개

기다란 털을 가진 우리나라 토종개입니다. 천연기념물 제368호로 지정되어 있습니다. 동물이나 식물 같은 자연의 생물 가운데 특별한 가치가 있어 법률로 보호하는 것을 천연기념물이라고 하지요. 삽살개라는 이름은 순우리말로, 귀신과 액운을 쫓아낸다는 의미를 담고 있습니다. '삽'이 쫓아낸다는 뜻이고, '살'이 귀신과 액운을 가리키지요. 삽살개는 길고 풍성한 털이 온몸을 덮고 있어 추위를 잘 견딥니다. 머리가 크고 귀는 뒤로 누워 있어 해학적인 외모를 가졌지요. 그래서 우리나라의 풍속화나 옛이야기에 삽살개가 자주 등장합니다. 성격은 경계심이 많은데, 주인에게만큼은 충성심이 매우 강하지요. 아울러 다른 동물과 맞서 싸울 때는 여느 대형견 못지않게 용맹함을 보입니다. 그런데 삽살개는 일제강점기에 멸종 위기를 겪었습니다. 조선의 문화를 말살하려던 일제가 삽살개를 마구 학살했기 때문입니다. 그들은 삽살개 가죽으로 일본군을 위한 군용 외투를 만들기도 했지요. 그 후 우리나라에서는 1985년부터 경상북도 경산시를 중심으로 삽살개 보존 정책을 적극적으로 실시했습니다.

- **키** 52~63센티미터
- **몸무게** 20~30킬로그램

차우차우

중국이 원산지인 개입니다. 기원전 206년 무렵 중국 고대 왕국에서도 키운 것으로 알려져 있습니다. 특히 귀여운 외모로 귀족들에게 많은 사랑을 받았지요. 중국을 넘어 다른 나라에 소개된 것은 1800년대부터였습니다. 1820년 영국 런던의 한 동물원에 전시되었고, 그 후 미국에도 건너가 많은 사람들의 관심을 받기 시작했습니다. 차우차우는 얼핏 사자와 닮은 외모를 가졌습니다. 어느 면에서는 곰을 닮기도 했지요. 머리가 크고, 눈이 양쪽으로 쳐졌으며, 주둥이는 넓고 납작한 형태입니다. 꼬리는 등 쪽으로 말려 있고, 덩치에 비해 다리가 짧아 보이지요. 또한 혀가 거무스름하거나 진한 보라색을 띠는 특징이 있습니다. 전체적으로는 제법 다부진 골격을 갖췄다고 할 수 있지요. 아울러 차우차우는 털이 촘촘히 나 있어 추위에 강합니다. 털 색깔은 붉은색, 검은색, 황갈색, 푸른색, 크림색으로 구분됩니다. 차우차우는 조용한 성격을 갖고 있습니다. 주인이 아닌 사람들에게는 이렇다 할 관심을 보이지 않지요. 대체로 영리하지만, 이따금 고집불통 같은 모습을 보이기도 합니다.

| 키 | 45~56센티미터 | 몸무게 | 20~32킬로그램 |

아키타

일본이 원산지인 개입니다. 오래 전 일본의 아키타 지역에 살던 개를 도사견 등과 교배시켜 지금의 덩치 큰 아키타 개를 탄생시켰습니다. 처음에 아키타는 무사들을 비롯해 일본 왕실 사람들의 사랑을 받았지요. 성격이 용맹해 싸움 실력이 뛰어났고 사냥을 잘했기 때문입니다. 그 후 1800년대 후반부터 일반인들 사이에서 폭넓게 사육되다가, 1931년 일본의 천연기념물로 지정되었습니다. 아키타는 몸집이 크면서도 균형 잡힌 몸매를 갖고 있습니다. 코가 오뚝하고 귀가 바짝 서 있으며, 꼬리가 등 쪽으로 야무지게 말려 올라간 모습이지요. 사냥을 잘한다는 명성에 걸맞게 힘이 세고 동작이 매우 날렵합니다. 털 색깔은 적갈색, 회갈색, 흰색 등인데 어느 경우든 목과 배 부위는 모두 흰색을 띠는 특징이 있습니다. 아키타의 성격은 침착하고 당당합니다. 애교가 부족하기는 하지만, 주인의 명령을 잘 따르며 위험한 상황에도 두려움이 없지요. 그래서 일본에서는 집을 지키거나 수렵에 이용하기 위해 아키타를 사육하는 경우가 많습니다.

키 60~70센티미터   **몸무게** 35~50킬로그램

골든리트리버

영국이 원산지인 개입니다. 원래는 사냥을 도왔는데, 워낙 영리하고 사람을 잘 따라 지금은 인명 구조나 장애인 안내견 역할 등을 훌륭히 해내고 있습니다. 온순한 성격과 총명한 두뇌 때문에 매우 인기 좋은 반려견으로도 톡톡히 인정받고 있고요. 이름에서 알 수 있듯, 골든리트리버는 길고 부드러운 황금빛 털을 자랑합니다. 균형 잡힌 몸매에 눈 사이의 거리가 넓고, 털에 덮인 큼지막한 귀를 갖고 있지요. 주둥이는 길고 넓적하며, 코가 검고 턱이 튼튼합니다. 꼬리는 등과 거의 비슷한 높이로 평평하게 들고 있는 형태입니다. 골든리트리버는 사람을 굉장히 좋아하고 잘 따릅니다. 높은 지능지수 때문에 호기심이 많고 무척 활동적이지요. 또한 온순하고 참을성 있는 성격을 가져 어린이들과도 잘 어울립니다. 행동에 자신감이 넘치면서도 공격성이 별로 없어 좀처럼 사나운 모습을 보이지 않지요. 오죽하면 골든리트리버가 너무 순해 집을 지키는 목적으로는 키우지 말라는 말이 있을 정도입니다. 심지어 아무나 잘 따라가는 성격이라 자칫 잃어버리기 십상이라는 충고를 듣기도 하고요. 그럼에도 골든리트리버는 '착한 개'라는 이미지로 여전히 큰 사랑을 받고 있습니다.

키 51~61센티미터   **몸무게** 27~36킬로그램

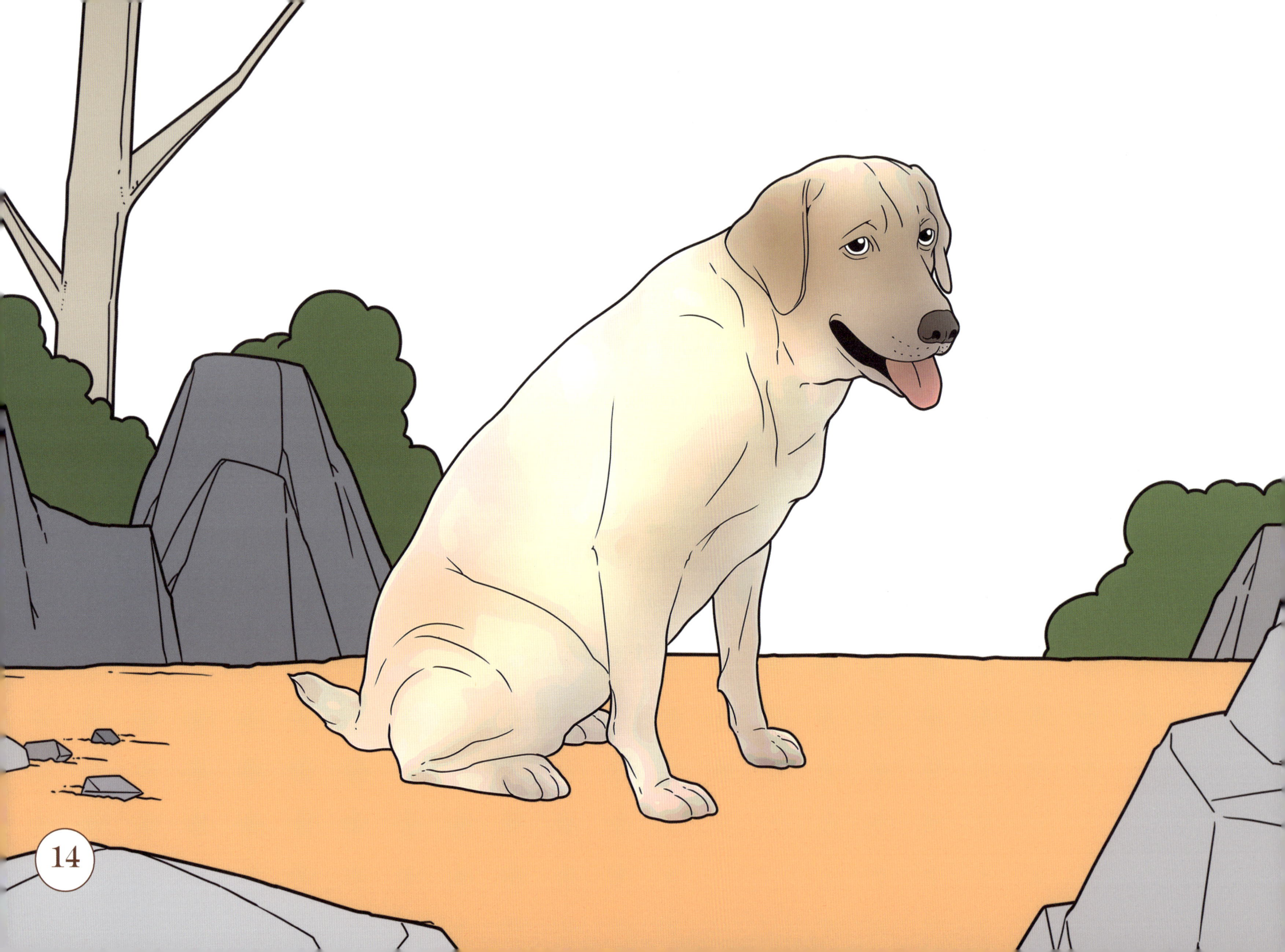

래브라도리트리버

캐나다 뉴펀들랜드 래브라도 지역에 어부들을 도와 일하던 개가 있었습니다. 그것을 본 영국 탐험가들이 몇 마리를 데리고 귀국해 래브라도리트리버 견종으로 개량했지요. 그 후 래브라도리트리버는 유럽과 미국을 중심으로 매우 인기 있는 반려견이 되었습니다. 또한 영리하고 활동적인 성격 때문에 시각장애인 안내견과 폭발물 탐지견 등으로도 폭넓게 이용되었지요. 뛰어난 후각 기능으로 인명 구조 분야에서도 맹활약해 왔습니다. 래브라도리트리버는 탄탄한 몸집에 큰머리와 두툼한 주둥이, 축 늘어진 큰 귀를 갖고 있습니다. 아울러 순해 보이는 눈망울에 작고 단단한 발, 수평으로 뻗은 꼬리가 눈에 띄지요. 털 색깔은 검정색, 옅은 크림색, 적갈색으로 구분됩니다. 래브라도리트리버의 털은 짧지만 촘촘하게 자라나 보온성이 뛰어나며 물에 잘 젖지 않는 특성이 있습니다. 리트리버 견종이 대부분 그렇듯, 래브라도리트리버 역시 온순한 성격에 지능지수가 높은 편입니다. 활동적이며 사교성도 좋지요. 따라서 사람을 잘 따르고 주인에 대한 충성심도 훌륭합니다. 낯선 환경에 대한 적응력이 탁월하며, 어지간해서는 사나운 행동을 하지 않지요.

키 54~62센티미터   **몸무게** 24~36킬로그램

세인트버나드

스위스가 원산지인 개입니다. 옛날에는 농부들의 일을 돕거나, 조난당한 등산객을 구조하는 데 이용됐습니다. 그 후 영국 사람들이 데려가 오늘날의 모습으로 개량했지요. 우리에게는 동화『플란다스의 개』에 등장하는 개로도 잘 알려져 있습니다. 주인공 네로의 곁을 끝까지 지키는 파트라슈가 바로 세인트버나드입니다. 세인트버나드는 듬직해 보이는 덩치에 큰 머리를 갖고 있습니다. 주둥이는 짧고 단단하며, 귀가 볼을 덮어 온순한 분위기를 자아내지요. 머리에 커다란 반점이 있고, 털이 긴 종류와 짧은 종류로 구분됩니다. 털 색깔은 흰색과 붉은색 또는 흰색과 노르스름한 갈색이 섞인 경우가 흔합니다. 어느 쪽이든 털이 촘촘히 나 있어 추위를 견디는 힘이 강하지요. 리트리버 견종 못지않게, 세인트버나드도 두뇌가 영리하고 성격이 온순합니다. 함부로 짖지 않으며, 사람과 어울려 노는 것을 좋아하지요. 원래 산악 지대에서 활동하던 구조견이었던 만큼 야외에서 위험을 감지해 주인을 보호하는 역할도 잘합니다. 그것은 후각이 발달하고 침착한 성격을 가져 가능한 일입니다.

| 키 | 60~70센티미터 | 몸무게 | 60~85킬로그램 |

마스티프

몸집이 아주 큰 개이며, 영국이 원산지입니다. 기원전 이집트 왕국의 그림에도 등장할 만큼 인류와 함께한 역사가 깁니다. 오래 전부터 맹수 사냥이나 전투에 이용된 것으로 알려져 있습니다. 지금도 그 이미지가 남아 개싸움을 일컫는 투견의 상징으로 불립니다. 마스티프의 겉모습은 골격이 크고 강인해 용맹스러워 보입니다. 정사각형 모양의 머리에, 주름 많은 얼굴, 근육이 발달한 짧은 목을 갖고 있습니다. 주둥이 역시 짧고 단단하며, 귀가 아래로 늘어진 형태입니다. 털 색깔은 황갈색이나 살구색이며 줄무늬가 비치는 경우도 있지요. 대부분 주둥이와 눈 주위가 검은빛을 띠고 있습니다. 강아지 때부터 성장이 빨라 먹이를 충분히 줘야 하며, 적절한 운동이 필요합니다. 마스티프의 성격은 겉모습과 달리 순종적입니다. 주인에게 충성심이 강하며, 의외로 조심성 많은 예민한 성격을 내보이기도 합니다. 하지만 상대와 맞붙어 싸울 때는 덩치에 걸맞은 용기와 위엄을 자랑하지요. 따라서 외출 시에는 항상 주의를 기울여야 합니다.

키 70~76센티미터　　**몸무게** 70~90킬로그램

클럼버스패니얼

영국이 원산지인 개입니다. 일찍이 영국 귀족들에게 큰 사랑을 받아, '귀족들의 애견'이라는 애칭이 붙었지요. 나이 많은 사냥꾼을 도와 수풀이 우거진 곳에서 새 같은 작은 동물을 잡는 데 남다른 능력을 발휘하기도 했습니다. 클럼버스패니얼은 기다란 몸통에 짧은 다리를 갖고 있습니다. 머리가 큰 편이며, 길고 넓은 귀가 아래쪽으로 늘어진 형태지요. 아울러 윗입술이 아랫입술을 덮고, 다리 뒤쪽에 기다랗게 털이 난 특징을 가졌습니다. 덩치에 비해 발이 큰 편이며 많은 털이 덮여 있지요. 꼬리는 짧고 끝부분이 아래쪽으로 향해 있습니다. 털 색깔은 대부분 흰색에 오렌지색 또는 레몬색이 섞인 모습입니다. 털의 질감은 매끈하고 부드러워 쓰다듬을 때 느낌이 좋지요. 앞서 클럼버스패니얼은 귀족들의 사랑을 받았다고 설명했습니다. 왜냐하면 이 개의 성격이 영리하고 사교성이 좋기 때문입니다. 얼핏 둔해 보이지만, 사냥을 하거나 운동할 때는 제법 빠르고 활동적이지요. 평소 다른 개들과도 다툼 없이 어울려 사나운 행동을 잘 보이지 않습니다. 따라서 어린이들과도 금세 친구가 될 수 있지요.

키 48~51센티미터　　**몸무게** 25~38킬로그램

보스롱

프랑스가 원산지인 개입니다. 16세기 이전부터 농장에서 가축들을 몰거나 보호하기 위해 사육했습니다. 때로는 멧돼지를 사냥할 때 도움을 받기도 했고요. 그래서 지금도 보스롱은 양치기 개나 경찰견 등으로 활약합니다. 이 개는 '베르제 드 보스' 또는 '뷰세런'이라는 이름으로 불리기도 하지요. 보스롱은 몸집이 크고 근육이 매우 발달했습니다. 한마디로 힘이 좋고 튼튼하며 움직임도 빠르지요. 머리는 둥그스름하고 주둥이가 길며, 귀가 큰 편입니다. 꼬리는 기다랗고, 끝부분이 위로 살짝 말려 있지요. 털은 전체적으로 검정색을 띠며 주둥이와 목, 가슴, 다리 등에 황갈색이나 회색의 무늬가 섞여 있습니다. 겉모습은 강인해 보이는 보스롱이지만, 성격이 침착하고 온순한 편입니다. 두뇌가 영리하며 쓸데없이 짖어대는 일도 적지요. 주인에게는 충성심이 강하나 낯선 사람에게는 쉽게 마음을 열지 않는다고 합니다. 그래서 경비견으로 키우는 사람도 많다고 하지요. 또한 활동적인 성격이라 산책과 운동을 좋아합니다.

키 61~71센티미터　　**몸무게** 30~39킬로그램

로트와일러

독일이 원산지인 개입니다. 독일어 발음에 따라 '로트바일러'라고 부르기도 하지요. 옛날에 이 개는 가축을 몰거나 수레를 끄는 일에 이용됐습니다. 때로는 멧돼지 같은 맹수 사냥에 뛰어난 능력을 발휘하기도 했고요. 로트와일러는 힘이 세고 강인한 개입니다. 그래서 가축 중에서도 소몰이에 쓰이는 일이 많았지요. 전체적으로 골격이 크고 뼈대가 굵으며, 이마가 튀어나온 형태라 더욱 용맹스러워 보입니다. 주둥이가 짧고, 목이 굵으며, 귀는 늘어져 있지요. 꼬리는 긴 편이며, 끝이 살짝 말려 올라간 모습입니다. 털의 질감은 뻣뻣하고 몸에 가지런히 달라붙어 있습니다. 털 색깔은 검은색으로 주둥이와 목, 가슴, 다리 등에 황갈색 무늬가 섞여 있지요. 로트와일러는 겉모습처럼 늘 자신만만하며 두려움을 모르는 성격입니다. 주인에게는 충성하지만, 어떤 상대와 맞붙든 결코 물러서는 법이 없지요. 자기 가족과 집을 지키려는 본능도 아주 강하고요. 이 개는 둘째가라면 서러워할 용맹함 때문에 경찰견이나 경비견, 경호견 등으로 환영받습니다.

키 56~69센티미터   **몸무게** 42~50킬로그램

그레이하운드

최고의 스피드를 자랑하는 개입니다. 이집트가 원산지로 알려져 있습니다. 영국에서 지금의 모습으로 개량시켰다는 의견도 있지요. 워낙 달리기가 빨라 오래 전부터 사냥개로 이름을 떨쳤습니다. 또한 우아한 모습 때문에 유럽 여러 나라에서 왕족의 사랑을 받았지요. 오늘날에는 경주용 개로 활약하기도 합니다. 그레이하운드는 키가 크고 늘씬한 몸매를 자랑합니다. 몸에 비해 작은 머리와 갸름한 주둥이, 기다란 목, 날렵한 허리, 쭉 뻗은 네 다리 등은 빠른 속도를 내는 데 더없이 좋은 신체 조건이지요. 꼬리 역시 가늘고 길어 공기의 저항을 별로 받지 않습니다. 게다가 털까지 얇고 몸에 착 달라붙어 있어 달리기 왕이 되는 데 도움을 줍니다. 털 색깔은 검은색, 흰색, 회색, 황갈색, 붉은 회색, 푸른 회색, 얼룩무늬 등으로 다양합니다. 그레이하운드는 민첩성 못지않게 관찰력이 좋습니다. 시야가 270도나 되기 때문에 주변을 살피는 능력이 빼어나지요. 성격은 대부분 온순하고 침착하며, 인내력이 있습니다. 그래서 목표물을 정하면 중간에 포기하지 않고 끝까지 내달리지요.

키	68~76센티미터	몸무게	26~33킬로그램

와이머라너

독일어 발음에 따라 '바이마라너'라고 부르기도 합니다. 독일이 원산지인 개지요. 과거에는 주로 사냥에 이용한 견종입니다. 곰이나 멧돼지 같은 대형 사냥감을 쫓거나, 사냥꾼의 총에 맞아 죽은 새를 찾아오는 역할을 했지요. 1920년대 이후 다른 나라에 소개되고 나서는 반려견으로 사랑받고 있습니다. 와이머라너의 겉모습은 얼핏 평범해 보입니다. 대부분 한 가지 색깔의 털이 온몸을 덮고 있어 이렇다 할 특징이 눈에 잘 띄지 않지요. 그러나 근육이 발달했고, 주둥이가 길고 탄탄하며, 위아래 이빨이 단단히 맞물려 있어 사냥에 적합합니다. 머리에는 제법 길고 널따란 귀가 늘어져 있으며, 목이 견고하고, 중간 길이의 꼬리를 가졌습니다. 색깔은 회색, 회백색, 청백색으로 구분됩니다. 훌륭한 사냥개 출신답게 와이머라너는 영리하고 냄새를 맡는 능력이 뛰어납니다. 굉장히 활동적이면서도 침착하고, 공격성이 강하지 않지요. 사람의 훈련을 능동적으로 받아들여 명령을 잘 따른다고 합니다.

키 57~68센티미터 **몸무게** 24~38킬로그램

아이리시세터

아일랜드가 원산지인 개입니다. '레드세터'라는 다른 이름도 갖고 있습니다. 그 이유는 온몸이 윤기 나는 적갈색 털로 덮여 있기 때문입니다. '아이리시'는 아일랜드를 의미하며, '세터'에는 사냥감을 발견한 뒤 땅바닥에 엎드려 주인에게 알려주는 역할을 한다는 뜻이 담겨 있습니다. 이름에서부터 사냥개 출신인 것을 알 수 있는 견종이지요. 앞서 설명했듯, 아이리시세터의 가장 큰 특징은 털의 색깔과 모양입니다. 고급스러워 보이는 붉은빛 털이 부드럽고 길게 자라 있어 반려견으로 인기가 높습니다. 특히 몸의 아래쪽과 네 다리, 꼬리에 난 풍성한 털은 이 개를 아주 멋지게 장식하지요. 아울러 거의 얼굴 크기만한 큰 귀가 털에 덮인 채 아래로 늘어져 있어 우아한 이미지를 더해줍니다. 아이리시세터의 성격은 사람과 장난을 즐길 만큼 활동적입니다. 때로는 그것이 지나쳐 주인을 힘들게 할 정도지요. 매사에 열정적이면서 고집도 세고요. 하지만 순진한 아이 같은 성격이라 잘 돌봐주기만 하면 주인에 대해 깊은 애정을 보입니다.

키 62~68센티미터   **몸무게** 25~34킬로그램

잉글리시세터

영국이 원산지인 개입니다. 사냥터에서 사냥감을 찾으면 가만히 땅바닥에 엎드려 주인에게 그 위치를 알렸지요. 그래서 특히 새 사냥을 할 때는 많은 사람들이 이 개를 데려갔다고 합니다. 잉글리시세터나 아이리시세터처럼 개 이름에 '세터'가 들어 있으면 뛰어난 사냥개 출신인 것을 짐작할 수 있습니다. 잉글리시세터는 균형 잡힌 몸매를 가졌습니다. 머리에 비해 주둥이가 넓고 긴 편이지요. 귀가 얼굴 아래까지 늘어져 있어 순한 인상을 갖게 합니다. 또한 목과 다리가 길고, 꼬리는 수평에 가깝게 뻗어 끝부분이 가느다랗게 보이는 모습입니다. 털 색깔은 흰색 바탕에 검은색 또는 레몬색이나 오렌지색 무늬가 섞여 있지요. 귀를 비롯해 몸 아래쪽과 꼬리에는 털이 길게 나 있어 다른 견종들과 비교되는 장식 효과를 냅니다. 여느 사냥개처럼 잉글리시세터 역시 아주 활동적입니다. 온순하고 애교가 많아 사람을 잘 따르기도 하지요. 아울러 주인의 명령을 잘 받아들이며 책임감이 강합니다.

| 키 | 58~68센티미터 | 몸무게 | 22~36킬로그램 |

보르조이

러시아가 원산지인 개입니다. 17세기 무렵 러시아 귀족들이 늑대 사냥을 나갈 때 자주 데려갔다고 합니다. 그만큼 사냥 실력이 뛰어났고, 멋진 외모를 가졌기 때문이지요. 이 개는 귀족들뿐만 아니라 톨스토이, 푸시킨, 투르게네프 같은 러시아의 유명 작가들에게도 큰 사랑을 받았습니다. 추운 러시아 기후에 적응하기 좋게 보르조이는 긴 털을 갖고 있습니다. 털 색깔은 주로 흰색 바탕에 옅은 갈색이나 갈색 또는 검정색 무늬를 띠지요. 전체적으로 날씬한 몸에 자그마한 머리, 갸름한 주둥이, 뒤쪽으로 누운 작은 귀를 갖고 있고요. 다리는 길고 날씬하며, 꼬리 역시 얇고 기다란 형태입니다. 한마디로 세련된 외모를 자랑하는 견종이지요. 보르조이는 행동이 재빠르고 용맹합니다. 평소에는 조용하고 침착하지만, 자기가 목표로 하는 대상이 보이면 순식간에 흥분하는 성격이지요. 이따금 예민하게 행동하며 고집을 부리기도 합니다. 또한 시력이 아주 좋고, 날씬한 몸매를 유지하기 위해서인지 먹이를 많이 먹는 편은 아닙니다.

키 68~85센티미터   몸무게 30~45킬로그램

아프간하운드

이란과 파키스탄 사이에 아프가니스탄이라는 나라가 있습니다. 아프간하운드는 바로 그곳이 원산지인 개입니다.『성서』에 등장하는 노아의 방주에 이 개가 타고 있었다는 이야기가 있을 만큼 오랜 역사를 자랑하지요. 원래 아프간하운드는 아프가니스탄 산악 지대에서 사냥에 이용됐습니다. 그러다가 1800년대 후반 영국에 소개되면서 세상에 널리 알려졌지요. 아프간하운드는 갸름한 주둥이와 작은 머리를 가졌으며, 비단처럼 아름다운 긴 털 때문에 매우 우아해 보입니다. 다리도 곧고 길어 도도해 보이기까지 하지요. 사실 아프간하운드의 긴 털은 원산지의 거센 흙바람으로부터 자신을 보호하기 위해 진화한 것입니다. 그런데 그 점이 많은 사람들에게 사랑받는 중요한 특징이 됐지요. 아프간하운드의 털 색깔은 흑갈색을 비롯해 옅은 크림색, 은색 등 다양합니다. 아울러 꼬리는 가늘며, 위쪽으로 동그랗게 말려 있지요. 아프간하운드의 성격은 대체로 순하지만 사냥개 출신답게 예민한 면이 있습니다. 특히 시각적 자극에 민감하므로 관리하는 사람의 주의가 필요합니다.

| 키 | 63~73센티미터 | 몸무게 | 22~29킬로그램 |

그레이트데인

이름에 '커다란 덴마크의 개'라는 뜻을 갖고 있는 개입니다. 하지만 원산지는 독일이지요. 독일 사람들은 '독일 개'라는 의미로 '도이체 도게'라고 부르기도 합니다. 이 개는 오늘날 셰퍼드와 함께 독일을 대표하는 견종으로 평가받습니다. 16세기 무렵부터 멧돼지 사냥에 이용되어 뛰어난 능력을 발휘했지요. 그레이트데인은 전체적으로 균형 잡힌 외모를 갖고 있습니다. 근육이 발달했으며, 곧고 기다란 네 다리 때문에 날렵해 보이지요. 보통 크기의 머리와 단단한 주둥이, 몸에는 아주 짧고 부드러우면서 윤기가 흐르는 털이 촘촘히 나 있습니다. 털 색깔은 황갈색, 검은색, 짙은 회색, 흰 바탕에 검은 반점무늬, 황갈색 바탕에 검은 줄무늬로 구분됩니다. 이 개는 온순하면서도 때에 따라 용맹스러운 성격을 내보입니다. 웬만한 상황에서는 공격성을 잘 드러내지 않지만, 한번 화가 나면 매우 사나워지는 스타일이지요. 주인을 잘 따르는 등 매력 넘치는 견종인데, 수명이 10년 정도밖에 안 된다는 단점이 있습니다.

키 72~85센티미터   **몸무게** 45~55킬로그램

자이언트슈나우저

독일이 원산지인 개입니다. '슈나우저'라는 이름을 가진 세 가지 견종 중 덩치가 가장 크지요. 옛날에는 주로 농장에서 소몰이나 양몰이에 이용됐습니다. 그 후에는 주요 시설을 지키는 경비견으로도 남다른 재능을 뽐냈지요. 자이언트슈나우저는 여느 슈나우저처럼 독특한 수염과 눈썹 털을 갖고 있습니다. 머리는 직사각형 형태이며, 귀는 보통 아래쪽으로 늘어뜨려 있고, 몸길이와 키가 비슷해 전체적으로 다부져 보입니다. 실제로 힘이 세서 어지간한 상대에게는 물러서는 법이 없지요. 이 개의 털 색깔은 검은색 또는 검은색과 흰색이 적절히 섞인 종류로 구분됩니다. 털의 질감은 얼핏 보기와 달리 뻣뻣하고 거친 편입니다. 자이언트슈나우저의 성격은 용감하면서도 침착합니다. 두뇌가 영리하고, 주인에 대한 충성심도 강하지요. 환경 변화에 잘 적응하며, 웬만한 자극에는 가볍게 반응하지 않습니다. 아울러 활달한 면도 있어 사람들과 어울리는 데도 별 문제가 없습니다.

키 60~70센티미터   **몸무게** 32~45킬로그램

알래스칸맬러뮤트

시베리언허스키 등과 함께 썰매개 하면 떠오르는 대표적인 견종입니다. 원산지 역시 알래스카지요. 이 개는 오래 전부터 눈 덮인 추운 날씨에서 살아가는 알래스카 원주민들에게 꼭 필요한 존재였습니다. 백인들이 알래스카 지역에 들어오면서 한때 멸종 위기에 처하기도 했지만, 1962년부터 보호 조치가 내려져 견종의 특성을 잘 유지하고 있지요. 썰매개인 만큼 알래스칸맬러뮤트는 체격이 당당하고 힘이 셉니다. 특히 가슴이 넓고 탄탄하며 다리 근육이 발달했지요. 특징적인 무늬가 있는 넓적한 머리에 곧게 세운 삼각형 모양의 귀, 보통 길이의 두툼한 주둥이를 갖고 있고요. 아울러 네 발이 여느 개보다 단단해 보이며, 털에 덮인 도톰한 꼬리가 등 쪽으로 말려 올라간 모습입니다. 털 색깔은 검은색과 잿빛 등이고, 배와 다리 쪽에 흰색 털이 섞인 경우가 많습니다. 알래스칸맬러뮤트의 성격은 온순하며 인내력이 강합니다. 썰매를 끌려면 여러 마리가 협력해야 하고, 힘든 일을 참을성 있게 견뎌내야 하기 때문이지요. 또한 활동성이 좋고, 낯가림이 별로 없는 사교적인 성격입니다.

키 58~70센티미터   **몸무게** 34~45킬로그램

벨기에시프도그

벨기에가 원산지인 개입니다. 옛날에는 주로 양치기 개로 활약했는데, 요즘은 경찰견을 비롯해 반려견으로 인기가 높습니다. 이 개는 겉모습의 차이에 따라 다시 네 가지 종류로 구분됩니다. 검고 긴 털을 가진 '벨기에시프도그그로넨달', 황갈색 털을 가진 '벨기에시프도그라케노이즈', 검은 얼굴에 기다란 황갈색 털을 가진 '벨기에시프도그터뷰렌', 검은 얼굴에 짧은 황갈색 털을 가진 '벨기에시프도그말리노이즈'가 그것입니다. 벨기에시프도그는 보통의 머리에 기다란 주둥이를 갖고 있습니다. 검은 코에 입이 큰 편이고, 뾰족한 삼각형 귀가 솟아 있지요. 전체적으로는 우아해 보이면서 강하고 날렵한 이미지입니다. 눈동자는 어두운 갈색이며 별로 크지 않지요. 이 개는 호기심이 많고, 영리하며, 동작이 날쌥니다. 점프력도 상당하지요. 또한 주위를 경계하는 성격이며 활동성이 뛰어납니다. 주인에게 충성심이 강하지만 다른 사람들에게 사납게 굴지는 않지요. 오히려 낯선 사람을 경계하는 것과 더불어, 사람들의 관심을 끌려는 모습을 보이기도 합니다.

키 55~66센티미터   **몸무게** 20~30킬로그램

올드잉글리시시프도그

영국을 대표하는 양치기 개 중 하나입니다. 개성 있고 귀여운 모습 때문에 영화에 종종 등장하지요. 이 견종이 세상에 나온 지는 그다지 오래 되지 않았습니다. 올드잉글리시시프도그는 길고 부스스한 털이 온몸을 뒤덮고 있습니다. 특히 머리 부분에 기다란 털이 가득 나 있어 입을 벌리면 혀밖에 보이지 않을 정도지요. 많은 사람들이 그 모습을 보고 매우 귀엽다고 생각합니다. 이 개는 풍성한 털 때문에 전체적으로 네모꼴 몸매를 가진 듯한데, 꼬리를 짧게 잘라주는 관행 탓에 더욱 그렇게 보이지요. 몸통 털의 색깔은 회색 또는 푸른빛이 도는 회색입니다. 거기에 머리, 목, 가슴, 앞다리 그리고 뒷다리 일부분에 흰색 털이 나 있지요. 기다란 털은 추위를 막는 데도 중요한 역할을 합니다. 올드잉글리시시프도그의 성격은 활발하고 영리한 편입니다. 부스스한 털이 풍성해 얼핏 둔해 보이지만, 여느 견종 못지않게 행동이 민첩하지요. 애교가 많고 에너지가 넘쳐 한번 장난을 시작하면 좀처럼 그만두지 않습니다. 겉모습과 달리 짖는 소리가 커서 공동주택에서는 키우기 어렵다는 평도 듣는 견종입니다.

| 키 | 53~60센티미터 | 몸무게 | 27~40킬로그램 |

브리아드

프랑스가 원산지인 개입니다. 처음에는 농장에서 가축을 몰거나 지키는 역할을 주로 했는데, 두 차례에 걸친 세계 대전을 통해 또 다른 재능을 뽐냈습니다. 군부대를 지키는 경비견과 부상병을 찾아내는 구조견으로 맹활약을 펼친 것입니다. 그 덕분에 이 견종은 프랑스 군대의 공식 군견으로 인정받아 지금도 여러 임무를 훌륭히 해내고 있습니다. 브리아드는 길고 탐스러운 털이 온몸을 뒤덮은 모습입니다. 머리와 눈 주위를 비롯해 꼬리와 발등까지 풍성한 털로 싸여 있지요. 귀에도 많은 털이 덮여 있어 기능에 문제가 있을 것 같지만, 오히려 청력이 매우 발달했다고 합니다. 브리아드가 빠르게 달릴 때면 바람에 흩날리는 털이 제법 볼 만하지요. 이 개의 등은 수평에 가깝고, 꼬리는 자연스럽게 아래로 처진 형태입니다. 털 색깔은 검은색, 회색, 옅은 갈색 등으로 구분됩니다. 브리아드의 성격은 활달하지만 공격성이 강하지는 않습니다. 온순하면서도 경계심이 많고 움직임이 재빠르지요. 아울러 군견으로 활약하는 만큼 충성심이 강하며, 명령을 내리면 주춤거리지 않고 임무를 수행합니다.

키 55~69센티미터   **몸무게** 25~43킬로그램

그레이트피레니즈

이름에서 알 수 있듯, 피레네산맥에서 유래한 견종입니다. 피레네산맥은 프랑스와 에스파냐의 국경을 이루는 산악 지대지요. 그레이트피레니즈는 오랜 세월 산악 지대의 추위를 견디며 각종 맹수들로부터 가축을 보호해 왔습니다. 프랑스 황제 루이 14세는 이 견종의 듬직한 모습에 반해 왕실의 개로 임명한 뒤 성을 지키도록 했다고 하지요. 한마디로 그레이트피레니즈는 순둥이 같은 외모를 갖고 있습니다. 우리나라 예능 프로그램 〈1박 2일〉에 출연했던 '상근이'가 다름 아닌 이 견종이지요. 그레이트피레니즈는 얼핏 북극의 백곰처럼 보이기도 합니다. 대부분 털 색깔이 하얗고 머리 형태가 둥글며, 귀와 눈이 덩치에 비해 자그마하지요. 게다가 눈꺼풀과 귀가 아래로 처져 있어 세상에 둘도 없는 평화주의자 같습니다. 짙은 검은색 코는 하얀 털과 대비되어 더욱 도드라져 보이지요. 그레이트피레니즈는 두뇌가 영리하고, 행동이 느린 편입니다. 웬만한 일로는 촐싹거리며 짖어대는 법이 없지요. 어린이들과도 금세 친해질 만큼 순한 성격이지만, 가축들을 지키던 개인 만큼 시각과 후각이 뛰어납니다. 추위와 달리 더위에는 약한 모습을 보이기도 하지요.

| 키 | 64~81센티미터 | 몸무게 | 39~54킬로그램 |

뉴펀들랜드

캐나다가 원산지인 개입니다. 물에 빠진 사람을 구조하는 데 최고의 실력을 발휘합니다. 많은 사람들이 산악 구조견으로 세인트버나드를 이야기한다면, 수상 구조견 중에서는 뉴펀들랜드를 첫 손가락에 꼽습니다. 그 밖에도 이 견종은 날씨 변화에 잘 적응하고 수영 실력이 뛰어나 물새 사냥 등에 이용되어 왔습니다. 수상 구조견의 특징은 덩치가 크고 힘이 세야 합니다. 사람의 체중을 감당해야 하니까요. 뉴펀들랜드 역시 그런 조건에 부족함이 없는 견종입니다. 또한 추위에 강하고 방수성이 좋은 털을 가졌으며, 큰 발이 물갈퀴 역할을 해 수영을 하는 데 적합하지요. 얼핏 곰처럼 보이기도 하지만, 눈이 작고 귀가 처져 있어 전체적으로 앙증맞은 모습입니다. 털 색깔은 검은색, 갈색, 흑백이 섞인 얼룩무늬로 구분됩니다. 수영할 때 방향타 역할을 하는 꼬리는 두툼하고 튼튼하며, 평소에는 아래쪽으로 늘어뜨리고 다닙니다. 뉴펀들랜드의 성격은 온순하고 침착합니다. 주인의 명령을 잘 따르고 웬만해서는 적대감을 드러내지 않아 아이들과도 쉽게 친해집니다.

키 66~71센티미터   몸무게 50~68킬로그램

버니즈마운틴도그

스위스 베른 지역에서 유래한 견종입니다. 베른의 영어식 발음이 '버니즈'라 지금과 같은 이름으로 불리게 됐지요. 이 개는 농장에서 맹수들로부터 가축을 지키는 데 뛰어난 능력을 뽐냈습니다. 아울러 몸집이 크고 힘이 좋아 우유나 치즈를 실은 수레를 끄는 일에도 이용됐지요. 그래서 '치즈도그'라는 별명을 얻기도 했습니다. 버니즈마운틴도그는 우선 기다란 털이 눈에 띄는 견종입니다. 특히 털 색깔이 독특한데, 세 가지 색이 혼합된 형태입니다. 전체적으로 검은색 바탕에 볼과 눈 윗부분, 다리 쪽에 짙은 갈색 무늬가 있지요. 거기에 머리 일부와 주둥이, 목, 가슴, 발에 흰색 털이 나 있습니다. 이따금 꼬리 끝이 하얀 경우도 보이고요. 또한 중간 크기의 귀가 아래쪽으로 접혀 있고, 등이 곧고 평평하며, 꼬리에도 털이 풍성합니다. 버니즈마운틴도그는 영리하면서 독립적인 성격이 강합니다. 주변에 대한 경계심이 높고 장난기가 별로 없지요. 바로 그런 면이 가축을 지키거나 짐수레를 끄는 데 안성맞춤이었습니다. 하지만 온순하고 침착한 성격이라 사람들과 어울리는 데는 문제가 없습니다.

| 키 | 58~70센티미터 | 몸무게 | 32~54킬로그램 |

티베탄마스티프

티베트가 원산지인 개입니다. 티베트에서는 일부 승려들이 죽은 뒤 이 개로 환생한다는 전설이 있습니다. 또한 중국에서는 티베탄마스티프가 천재지변을 미리 알아채는 능력이 있다고 여겨 '신견', 즉 신령스런 개라고 부릅니다. 지금도 중국 부유층들은 이 개를 무척 좋아해 귀한 선물로 주고받기도 하지요. 얼핏 보면 티베탄마스티프는 사자를 닮았습니다. 옛날에 중국의 한 동물원에서는 사자를 본 적 없는 사람들에게, 이 개를 사자라고 속여 전시했다는 이야기가 전해질 정도입니다. 목 주변에 제법 갈기처럼 보이는 털이 나 있어 '사자개'라는 별명을 얻을 만하지요. 단단해 보이는 머리에 견고한 주둥이를 가졌으며, 털이 풍성한 꼬리는 위쪽으로 말려 올라간 형태입니다. 힘이 세고, 덩치에 어울리게 짖는 소리도 웅장하지요. 털 색깔은 검은색, 회색, 은회색, 황갈색, 적갈색 등 여러 가지입니다. 일부 갈색이나 흰색 무늬가 섞인 것도 있고요. 이 개는 주인을 잘 따르면서도 종종 독립성을 보입니다. 이따금 고집을 부려 명령을 거부할 때가 있지요. 하지만 평소에는 충성심이 강하고 침착한 성격입니다.

키　61~80센티미터　　몸무게　58~84킬로그램

도베르만

19세기에 등장한 개로, 독일이 원산지입니다. 프리드리히 루이 도베르만이라는 독일 사람이 오랜 노력 끝에 이 견종을 탄생시켜 지금의 이름을 갖게 됐지요. 처음에는 주로 호신용 개로 이용되었는데, 오늘날에는 세계 각국의 경찰과 군대에서 여러 임무를 맡아 맹활약하고 있습니다. 도베르만의 외모를 한마디로 설명하면 '위풍당당'입니다. 근육이 잘 발달해 힘이 좋으면서도 귀족적인 우아한 이미지를 뽐내지요. 둥근 머리에 날렵한 주둥이, 튼튼한 턱과 단호해 보이는 입 모양, 갸름하게 곤두선 귀도 그처럼 고급스런 인상을 더해줍니다. 아울러 목이 기다랗고, 가슴 근육이 야무지며, 매끈한 꼬리에도 힘이 넘치지요. 일직선으로 길게 뻗은 네 다리는 당장 어디로든 내달릴 기세입니다. 온 몸에는 짧은 털이 촘촘히 나 있는데, 색깔은 대부분 검은색이나 적갈색에 갈색이 섞여 있습니다. 이 개는 책임감이 강하고 몸놀림이 민첩합니다. 누구와 맞서든 물러서지 않는 용맹함도 있지요. 그러므로 평소 예민한 성격과 공격성을 잘 관리해줘야 합니다.

키 63~72센티미터　　**몸무게** 30~43킬로그램

블러드하운드

'블러드'는 피를 말하는데, 이 개의 이름에는 '귀족의 혈통'이라는 뜻이 담겨 있습니다. 총에 맞아 피 흘리는 사냥감의 냄새를 잘 맡는다는 의미도 있고요. 원래 블러드하운드는 영국과 벨기에를 중심으로 사육되어온 사냥개입니다. 주로 멧돼지나 사슴을 사냥하는 데 이용됐지요. 후각이 뛰어나 오늘날에는 실종자를 찾는 일에도 능력을 발휘한다고 합니다. 블러드하운드는 덩치가 무척 큰 견종입니다. 커다란 몸집에 어울리게 힘도 아주 세지요. 약간 길쭉한 형태의 큰 머리를 가졌고, 머리만큼 주둥이도 우람해 보이며, 윗입술이 아랫입술을 덮어 축 처진 형태입니다. 거기에 덩치와 달리 마냥 순해 보이는 눈을 가졌고, 기다란 귀를 코 아래까지 늘어뜨리지요. 목은 근육이 발달했으면서도 피부가 늘어져 주름졌고, 넓은 가슴에 두툼한 허리를 가졌습니다. 또한 곧은 등과 굵고 긴 꼬리, 근육질의 안정감 있는 다리를 자랑하지요. 털 색깔은 대부분 검은색과 황갈색, 적갈색과 황갈색이 섞여 있습니다. 이 개는 온순하며, 행동이 가볍지 않습니다. 주인을 잘 따르고, 다른 개들과 쉽게 다툼을 벌이지 않지요. 그러나 가끔 고집을 부려 사람을 당황하게 만들기도 합니다.

 58~69센티미터   몸무게 38~53킬로그램

진돗개

우리나라의 토종개입니다. 전라남도 진도가 원산지이지요. 진도가 섬이라 옛날에는 육지로 오가는 것이 어려웠기 때문에 이 개의 특징이 잘 보존되어 왔습니다. 1962년 문화재청에서 천연기념물 제53호로 지정했지요. 1995년에는 국제보호육성동물로 공인받기도 했습니다. 삽살개, 풍산개, 동경개와 함께 대한민국을 대표하는 견종입니다. 진돗개는 균형 잡힌 몸매를 자랑합니다. 머리는 보통 크기로 뭉툭한 삼각형 모양이지요. 주둥이는 반듯하고, 눈은 양쪽 끝이 살짝 올라갔으며, 삼각형의 귀가 꼿꼿이 세워져 있습니다. 네 다리는 곧고, 엉덩이 높은 곳에 위치한 꼬리는 위쪽으로 힘 있게 말려 올라간 형태지요. 털 색깔은 황갈색, 흰색, 검은색, 회색, 황갈색이 섞인 검은색 등으로 구분됩니다. 평소 목을 치켜세운 당당한 자세를 잘 취하며, 등이 평평하고 허리가 날씬합니다. 주인에 대한 충성심 하면 진돗개를 먼저 떠올리는 사람이 많습니다. 그만큼 주인을 잘 따르고 한번 마음을 주면 좀처럼 변하지 않지요. 용감하고 대범하면서 날렵한 특징도 갖추고 있습니다. 그러면서도 성격이 침착해 작은 자극에 쉽게 흥분하지 않습니다.

| 키 | 45~55센티미터 | 몸무게 | 15~23킬로그램 |

풍산개

북한 지역인 함경남도 풍산군에서 길러온 토종개입니다. 이 개는 옛날부터 사냥개로 활약했는데, '호랑이 잡는 개'라는 찬사를 들을 만큼 실력이 뛰어납니다. 지금은 북한에서 천연기념물 제368호로 지정해 보호하고 있지요. 지난 2000년 남북 정상회담 때는 북한 지도자가 우리나라 대통령에게 이 개를 선물해 크게 주목받기도 했습니다. 풍산개는 얼핏 진돗개와 닮은 모습입니다. 하지만 진돗개보다 몸집이 조금 크고, 털 색깔은 대부분 흰색이거나 갈색이 섞인 모양이지요. 머리가 둥글고 주둥이는 짧고 넓은 형태이며, 귀는 삼각형으로 세워져 있습니다. 굵고 짧은 목에 넓은 가슴, 꼬리는 위쪽으로 말려 올라갔고요. 특히 풍산개는 턱 밑에 콩알 크기의 돌기가 있는 것이 특징입니다. 이 돌기에는 길이 5~10센티미터의 털이 서너 가닥 나 있어, 북한에서는 이것을 보고 순종인지 아닌지 판단한다고 전해집니다. 아울러 풍산개는 뒷다리 근육이 튼튼해 산악 지대를 잘 뛰어다닌다고 하지요. 풍산개의 성격을 한마디로 표현하면 '용맹하다'입니다. 그러니까 풍산개 세 마리만 있으면 호랑이도 두렵지 않다는 말이 나왔겠지요. 그럼에도 평소 성격은 온순한 편입니다.

키 53~60센티미터   몸무게 20~30킬로그램

동경개

'동경이'. '댕갱이', '댕견', '동동개' 등으로도 불리는 개입니다. 경상북도 경주시를 중심으로 길러온 우리나라 토종개지요. 옛 문헌에 따르면 동경개는 5세기 무렵부터 사육된 것으로 알려져 역사적 의의가 깊습니다. 그래서 진돗개, 삽살개의 뒤를 이어 2012년 천연기념물 제540호로 지정됐지요. 동경개는 진돗개와 닮은 모습입니다. 하지만 태어날 때부터 꼬리가 아주 짧거나 없는 것이 중요한 특징이지요. 이것은 전 세계 다른 견종들에서 거의 찾아볼 수 없는 개성적인 모습입니다. 아울러 보통 크기의 머리에, 길지 않지만 튼튼한 목을 갖고 있지요. 주둥이는 반듯해서 야무져 보이며, 귀는 앞쪽을 향해 세우고 있는 모양이고요. 가슴이 잘 발달되었으며, 등은 굴곡 없이 평평한 형태입니다. 털 색깔은 흰색, 황갈색, 검은색을 비롯해 검은색과 황갈색이 섞인 얼룩무늬가 있지요. 동경개는 성격이 온순해 사람과 어울리는 것을 좋아합니다. 주인에 대한 복종심이 강해 반려견으로 환영받지요. 그와 더불어 집중력이 뛰어나 사냥에 이용되기도 합니다.

키 44~50센티미터   **몸무게** 14~18킬로그램

저먼셰퍼드

독일을 대표하는 견종입니다. 독일어 명칭은 '도이체셰퍼훈트'라고 하지요. 저먼셰퍼드가 지금의 늠름한 모습으로 개량된 것은 19세기 말입니다. 이 개는 경찰견이나 경비견으로 매우 뛰어난 활약을 펼쳐왔습니다. 두 차례의 세계 대전에서는 최고의 군용견으로 인정받으며 수색 임무 등에 투입돼 공을 세웠지요. 저먼셰퍼드는 온몸이 근육질이며 허리가 긴 편입니다. 둥그스름한 머리에 기다란 주둥이를 갖고 있지요. 귀는 삼각형으로 곧게 서 있고, 눈은 짙은 갈색이며, 목이 두껍고 가슴이 넓습니다. 또한 앞다리는 곧고, 뒷다리 근육이 발달해 강인해 보이는 인상이지요. 털에 덮인 커다란 꼬리는 평소 바닥 쪽으로 늘어뜨린 모습입니다. 털 색깔은 주로 검은색 바탕에 황갈색이나 적갈색, 연회색이 섞인 형태지요. 전체적으로 검은색을 띠는 것도 있고요. 특히 주둥이 쪽에 검은색 털이 난 경우가 많습니다. 최고의 군용견답게, 저먼셰퍼드는 청각과 후각이 아주 뛰어나고 동작이 날랩니다. 영리하고 호기심이 많으며 책임감이 강하지요. 사람을 잘 따르고, 환경 변화에도 잘 적응합니다.

키 55~66센티미터   **몸무게** 25~43킬로그램

시바이누

일본이 원산지인 개입니다. 아주 오래 전부터 사육해 왔는데, 주로 산악 지대에서 작은 동물이나 새를 사냥할 때 능력을 발휘했습니다. 1937년 일본의 천연기념물로 지정됐지요. 시바이누는 근육이 발달했고, 균형 잡힌 몸매를 자랑합니다. 한눈에 보기에도 야무진 이미지의 개지요. 둥근 머리와 보통 길이의 곧게 뻗은 주둥이, 두툼한 목, 살짝 올라간 눈꼬리, 삼각형으로 쫑긋 서 있는 귀를 갖고 있습니다. 몸집에 어울리는 네 다리는 견고해 보이며, 굵은 꼬리가 등 쪽으로 말려 올라간 모습이지요. 털 색깔은 붉은색, 황갈색이 섞인 검은색, 참깨색으로 구분됩니다. 여기서 참깨색이란 검은색과 붉은색, 흰색이 적절하게 섞인 것입니다. 각 색깔의 비율에 따라 오묘한 빛을 띠지요. 시바이누는 성격이 예민하고 행동이 민첩합니다. 머리가 영리하고 경계심도 높지요. 다른 개들과 어울리기보다는 독립성이 강한 편이지만, 주인에게는 여느 개 못지않게 충성심을 보입니다. 아울러 추위를 잘 견디고 참을성이 많아 야외 활동에도 적합합니다. 일본에서는 집을 잘 지키는 반려견으로 사랑받고 있지요.

키 34~40센티미터   **몸무게** 8~14킬로그램

사모예드

매서운 추위가 몰아치는 러시아 시베리아에는 '사모예드족'이라는 유목민이 살고 있습니다. 그들은 오래 전부터 썰매용 개를 키웠는데, 그 견종이 부족의 이름을 딴 사모예드지요. 이 개는 썰매를 끄는 일뿐만 아니라 순록 사냥과 사육에도 이용되었습니다. 사모예드족은 이 개를 집 안에 들여 한 식구처럼 친밀하게 대했다고 하지요. 사모예드는 우아한 외모를 가진 개입니다. 털 색깔은 주로 흰색이며, 크림색과 옅은 갈색을 띠는 경우가 있지요. 그와 같은 색깔의 풍성한 털이 눈 덮인 추운 날씨와 어울려 매우 매력적인 이미지를 갖게 합니다. 특히 사모예드는 자그마한 눈에 입꼬리가 살짝 올라가 있어, 마치 미소를 띤 듯한 모습입니다. 그 표정이 워낙 사랑스러워 '사모예드 스마일'이라는 말이 유행할 정도지요. 온 몸이 부드러운 털에 덮인 사모예드는 시베리아의 추위를 거뜬히 견뎌내지만 더위에는 잘 적응하지 못합니다. 아름다운 겉모습 못지않게 사모예드의 성격은 사교성이 뛰어나고 활달합니다. 공격성이 별로 없어 사람들과 어울리는 것을 좋아하지요. 주인을 잘 따르며 바깥 활동을 즐깁니다.

키 45~57센티미터   **몸무게** 18~30킬로그램

콜리

스코틀랜드가 원산지인 개입니다. 원래 이 개는 농장에서 양치기에 이용되어 많은 활약을 펼쳤습니다. 그러다가 1860년대 영국 빅토리아 여왕이 반려견으로 키우면서 유명해졌다고 하지요. 그 후 미국 드라마에 주인공으로 등장하면서 세계적인 인기를 끌게 되었습니다. 콜리는 보통 크기의 머리에 길고 갸름한 주둥이를 갖고 있습니다. 풍성한 털이 온 몸을 덮고 있으며, 키에 비해 몸통이 긴 편이지요. 귀는 삼각형으로 조금 커 보이며, 눈이 작고 코가 검은 모습입니다. 털 색깔은 갈색이나 잿빛 바탕에, 마치 목도리를 두른 것처럼 목과 가슴 부위가 하얀 것이 일반적이지요. 발등과 꼬리 부분에도 흰색 털이 나 있는 경우가 많습니다. 앞서 콜리가 드라마의 주인공으로 등장한 적이 있다고 설명했는데, 그만한 이유가 있습니다. 머리가 영리하고 사람을 잘 따르기 때문이지요. 대체로 성격이 온순하고 명랑해 어린이들과도 금방 친숙해집니다. 또한 주인을 잘 따르며, 산책을 좋아하지요. 콜리가 달릴 때면 풍성한 털이 아름답게 출렁거리는 멋진 모습을 볼 수 있습니다.

키 55~66센티미터   **몸무게** 20~32킬로그램

보더콜리

콜리와 더불어 스코틀랜드가 원산지인 개입니다. 양떼를 돌보는 개 중에 단연 최고의 실력자로 손꼽히지요. 그 이유는 일중독이라는 소리를 들을 만큼 활동적이기 때문입니다. 한시도 쉬지 않고 양떼를 몰고 다녀서 농장에는 더없이 소중한 일꾼이지요. 영화 〈꼬마돼지 베이브〉에 나오는 양치기 개 역시 보더콜리입니다. 이 개는 콜리와 달리 머리가 넓고 이마가 평평하며, 주둥이가 길지 않습니다. 균형 잡힌 몸에, 길지 않지만 탄탄한 네 다리를 갖고 있지요. 귀는 절반쯤 접힌 형태이며, 보통 길이의 꼬리가 바닥을 향해 늘어져 있습니다. 몸에는 긴 털이 풍성하게 나 있는데, 그에 비해 무릎부터 발까지는 털이 짧지요. 털 색깔은 흰색에 검은색이나 회색, 갈색이 섞인 것이 많습니다. 대부분 흰색이 차지하는 면적이 더 넓지는 않다고 합니다. 보더콜리의 성격은 한마디로 역동적입니다. 항상 에너지가 넘치고 동작이 재빠르지요. 아울러 뛰어난 체력만큼 머리도 영리합니다. 다른 견종과 비교해 지능지수가 상당히 높은 편이라고 알려져 있지요. 주인에 대한 충성심도 강해 명령을 잘 따릅니다.

키 43~53센티미터   **몸무게** 14~23킬로그램

시베리안허스키

러시아 시베리아에서 썰매를 끌던 대표 견종입니다. 오래 전부터 유목 생활을 하던 추크치족이 길러 왔지요. 워낙 짖는 소리가 크고 우렁차 '허스키'라는 이름이 붙었다고 합니다. 시베리안허스키는 19세기 초 상인들에 의해 북아메리카 알래스카로 전해졌습니다. 그곳에서도 타고난 실력을 발휘해 곧 최고의 썰매견으로 인정받았지요. 시베리안허스키는 겉모습이 늑대와 닮았습니다. 그래서 '늑대개'라는 별명으로 불리기도 하지요. 이 개는 썰매를 끄는 데 이용된 만큼 근육이 발달했고 힘이 셉니다. 둥근 머리에 끝부분이 날렵한 주둥이, 보통 크기의 삼각형 귀를 가졌지요. 목이 두툼하고 가슴이 단단해 힘을 쓰기에 적합한 모습입니다. 앞다리가 곧고 뒷다리 근육이 탄탄한 것도 썰매를 끄는 데 도움이 되지요. 털 색깔은 흰색에 검은색, 회색, 갈색 등 다양한 색이 섞인 형태입니다. 털 색깔의 배합에 따라, 특히 머리 쪽에 독특한 무늬가 만들어진 것이 눈에 띕니다. 이 개는 인내심과 책임감이 강한 성격입니다. 또한 온순하며, 주인에 대한 복종심이 남다르지요. 활동량이 적으면 스트레스를 받기도 합니다.

키 50~60센티미터　**몸무게** 16~27킬로그램

불테리어

불도그와 테리어 사이에서 태어난 새로운 견종입니다. 영국에서 사냥 능력을 높이기 위해 탄생시켰지요. 요즘은 반려견으로 많이 키우지만, 한때는 사냥을 비롯해 투견에도 자주 이용된 아픈 역사가 있습니다. 불테리어는 골격이 튼튼하고 근육이 발달했습니다. 머리와 주둥이가 하나로 길쭉하게 이어진 형태이며, 눈이 작고 귀가 뾰족하게 서 있지요. 그런 모습이 얼핏 심술 난 장난꾸러기처럼 보여 좋아하는 사람들이 많습니다. 또한 온 몸에 짧고 거친 느낌의 털이 빼곡히 나 있고, 보통 길이의 꼬리가 등과 수평을 이루지요. 털 색깔은 흰색 또는 황갈색이나 적갈색 바탕에 흰 무늬가 있는 것으로 구분됩니다. 흔히 불테리어는 힘이 좋고, 고집이 세며, 사나운 개로 알려져 있습니다. 투견을 목적으로 키우기도 했던 만큼 다른 개에 대해 공격성을 드러내기도 하지요.

하지만 그런 인상은 선입견일 수 있습니다. 잘 훈련된 불테리어는 여느 견종 못지않게 평화적이며 사람들과도 문제없이 어울리니까요. 개성 넘치는 이 개에 한번 빠져들면 좀처럼 헤어나기 어렵습니다.

| 키 | 46~56센티미터 | 몸무게 | 20~27킬로그램 |

불도그

과거 영국에서는 '불베이팅'이라는 경기가 인기를 끌었습니다. 황소와 개를 싸움 붙이는 것이었지요. 인간의 탐욕이 만들어낸 그 경기에 이용된 견종이 불도그입니다. 그 후 불베이팅이 금지되면서, 불도그는 오늘날과 같은 반려견으로 개량되어 크기가 작아졌습니다. 황소에 맞설 만큼 사납던 기질도 순해졌고요. 이제는 영국을 대표하는 견종으로 인정받으며, 미국인을 비롯한 전 세계 사람들에게 큰 사랑을 받고 있지요. 불도그는 몸의 높이가 낮고 체형이 넓적해 다부진 인상입니다. 머리가 상당히 큰 편이며, 얼굴에 주름이 많고, 주둥이는 매우 짧지요. 목이 두툼하며, 튼튼한 턱은 아래쪽이 위쪽보다 조금 돌출되어 있습니다. 눈 사이가 넓은 편이고, 콧구멍이 살짝 들려 있으며, 얇고 작은 귀가 뒤로 젖혀진 모습이지요. 어깨가 넓지만 등은 길지 않고, 끝이 가느다란 짧은 꼬리를 갖고 있습니다. 털 색깔은 황갈색, 적갈색, 붉은색, 흰색 같은 단색이거나 그 바탕에 다른 색 털이 섞인 얼룩무늬로 구분됩니다. 불도그는 외모와 달리 온순하고 애교가 많습니다. 활동적이고 도전적이며, 주인에 대한 충성심도 강합니다.

키 30~35센티미터　　**몸무게** 22~25킬로그램

차이니즈샤페이

중국이 원산지인 개입니다. 옛날에는 중국 남부 광둥 지방에서 많이 사육했지요. 이 개는 오래 전부터 사냥에 이용되었고, 경비견 역할도 훌륭히 소화했습니다. 차이니즈샤페이는 불도그와 비슷한 얼굴에 다부진 몸매를 자랑합니다. 얼굴을 중심으로 몸 일부에까지 주름이 많은데, 불도그와 달리 길고 두툼한 주둥이를 갖고 있지요. 하마와 닮았다고 하는 이 개의 주둥이 모양은 여느 견종과 구별되는 중요한 특징 중 하나입니다. 또한 등은 길지 않으나 곧고, 엉덩이 윗부분에 있는 보통 길이의 굵은 꼬리가 위로 말려 올라간 형태지요. 차이니즈샤페이는 기분이 좋거나 나쁘거나 늘 얼굴을 찌푸린 우울한 표정인데, 사람들은 그 모습이 귀엽다며 매력을 느낍니다. 털 색깔은 검은색, 붉은색, 황갈색 등이 있으며 모두 단색이지요. 차이니즈샤페이의 성격은 침착하고, 사람을 잘 따릅니다. 웬만해서는 사납게 굴거나 함부로 짖어대지 않지요. 그런데 다른 개들과는 잘 어울리지 못하는 면이 있습니다. 아울러 좁은 사육장에 가둬놓으면 유난히 답답해하기도 합니다.

- 키: 45~51센티미터
- 몸무게: 16~21킬로그램

달마티안

크로아티아가 원산지인 개입니다. 고대 그리스의 조각 작품에 등장할 만큼 오래 전부터 인류가 사육해온 견종이지요. 유럽 전역에서 품격 있는 반려견으로 사랑받아왔고, 일부 지역에서는 사냥개로서 능력을 뽐내기도 했습니다. 일찍이 1961년 월트 디즈니의 만화 영화 〈101마리 달마티안 개〉에 주인공으로 등장해 매우 유명해졌지요. 달마티안은 늘씬한 몸매가 먼저 눈에 띕니다. 동그란 머리에 길고 야무진 주둥이를 가졌으며, 커다란 귀가 양쪽 볼을 거의 덮지요. 등이 반듯하고 다리가 길어 걸음걸이가 우아합니다. 긴 목을 비롯해 몸매에 어울리게 쭉 빠진 꼬리도 그런 인상을 갖게 하는 데 도움이 되지요. 털 색깔은 순백색입니다. 거기에 검은색이나 갈색, 적갈색 반점이 넓게 퍼져 있어 이 견종의 특징을 잘 보여주지요. 어릴 때보다는 자라나면서 반점이 점점 더 또렷해집니다. 반점이 어떻게 생겨나느냐에 따라 전체적인 겉모습의 이미지가 달라지지요. 달마티안은 성격이 활달해 야외에서 뛰어노는 것을 좋아합니다. 좀처럼 공격적인 성향을 드러내지 않으며, 주인을 잘 따르지요. 그러나 예민한 면도 있어 스트레스를 받지 않게 해야 합니다.

| 키 | 54~62센티미터 | 몸무게 | 20~29킬로그램 |

비즐라

헝가리가 원산지인 개입니다. 사냥감을 쫓아 넓은 들판을 뛰어다니는 데 뛰어난 재능을 발휘했지요. 두 차례 세계 대전을 겪으면서 멸종 위기까지 겪었으나, 그 후 꾸준한 개량과 번식을 거쳐 지금은 헝가리를 대표하는 견종으로 자리 잡았습니다. 비즐라는 한눈에 보기에도 날렵한 이미지입니다. 빼어난 스피드를 자랑하는 포인터 견종과 닮은꼴이라 '헝가리 포인터'라는 별명을 갖고 있습니다. 둥근 머리에 길고 견고한 주둥이, 근육질의 목과 가슴, 곧게 뻗은 긴 다리와 날씬한 배, 달릴 때 수평이 되어 균형을 잡아주는 꼬리가 속력을 내는 데 도움이 됩니다. 아울러 양 볼 아래까지 늘어진 커다란 귀는 사냥개라는 고정관념을 넘어 우아한 반려견의 매력을 더해주지요. 온 몸에는 황갈색의 짧은 털이 덮여 있습니다. 이 개의 성격상 특징은 무엇보다 활동적이라는 것입니다. 헝가리 들판을 자기 세상인 양 뛰어다니 견종인 만큼 힘과 체력이 매우 좋아 어지간해서는 지치지 않지요. 더불어 비즐라는 온순한 성격도 갖고 있어 주인을 잘 따르며 충성심이 강합니다.

키 53~62센티미터   **몸무게** 20~34킬로그램

포인터

원산지는 에스파냐인데, 영국과 독일에서 개량되었습니다. 일반적으로 포인터라고 하면 영국에서 개량된 잉글리시포인터를 일컫지요. 이 개는 사냥감을 발견했을 때 한쪽 발을 들고 꼬리를 곧게 뻗은 채 멈춰 서서 주인에게 알리는 특징이 있습니다. 그런 행동에서 포인터라는 이름이 유래했지요. 워낙 날쌔고 냄새를 잘 맡아 꿩이나 메추리 같은 새 사냥에 특별한 능력을 발휘해왔습니다. 포인터는 크지 않은 머리에 튼튼한 목, 근육이 발달한 가슴과 잘록한 허리, 적당한 길이의 곧은 등과 날렵한 꼬리, 그리고 힘 있게 뻗은 네 다리를 가져 달리기에 적합한 모습입니다. 스피드와 지구력 모두 둘째가라면 서러워할 만한 수준이지요. 털 색깔은 흰색 바탕에 검은색, 적갈색, 황갈색 등의 반점이 보입니다. 털 역시 짧고 촘촘하게 나 있어 내달릴 때 공기 저항을 별로 받지 않지요. 포인터는 머리가 영리하고, 대담한 성격입니다. 활동적이면서 사람을 잘 따르며, 쉽게 사나운 행동을 하지 않지요. 하지만 추위에 약해 보온에 신경 써줘야 합니다.

키 53~68센티미터　　**몸무게** 20~30킬로그램

살루키

옛날부터 아랍 지역에서 키워온 개입니다. 이슬람교 경전인 『코란』에도 나올 만큼 유명한 견종이지요. 가젤 등의 사냥에 이용되었을 뿐만 아니라, 귀족들의 반려견으로도 큰 사랑을 받아왔습니다. 고대 이집트 유적지에서 죽은 왕과 함께 묻힌 살루키의 미라가 발굴되기도 할 정도지요. 살루키는 늘씬하고 우아해 보이는 아름다운 외모를 가졌습니다. 자그마한 머리에 좁고 기다란 주둥이, 큰 눈과 긴 털에 덮여 아래로 늘어뜨린 귀, 좁은 가슴에 날렵한 몸통, 거기에 쭉 뻗은 네 다리가 매력 만점이지요. 엉덩이 낮은 곳에 위치한 꼬리에도 비단실 같은 털이 풍성하게 덮여 있어 우아함을 더해줍니다. 더불어 다리에도 기다란 털이 있어 여느 견종에서 보기 힘든 고상한 멋이 느껴지지요. 털 색깔은 흰색, 황갈색, 적갈색, 크림색 등 다양하며 두세 가지 색이 적절히 섞이기도 합니다. 살루키의 성격은 점잖고 내성적인 편입니다. 주인에게는 애착을 갖지만 사교적이지 않지요. 공격성도 별로 높지 않습니다. 그러나 활동적인 면도 있어 규칙적인 운동이 필요합니다.

키 58~71센티미터   **몸무게** 20~30킬로그램

브리타니

프랑스가 원산지인 개입니다. '브리타니스파니엘'이라고 부르기도 하지만, 요즘은 그냥 '브리타니'라고 하는 경우가 많습니다. 이 개는 미국에 소개되어 큰 인기를 끌었지요. 그 이유는 몸으로 사냥감의 위치를 알리는 재능이 뛰어나기 때문입니다. 포인터 등도 그런 능력이 있지만, 브리타니는 상대적으로 몸집이 작은 것이 장점입니다. 브리타니는 단단하고 다부진 몸을 가졌습니다. 몸통이 키에 비해 길지 않아 민첩하게 움직일 수 있지요. 또한 보통 크기의 머리와 주둥이에 아래로 늘어진 큼지막한 귀를 갖고 있습니다. 그런데 브리타니의 겉모습에서 보이는 가장 중요한 특징은 꼬리입니다. 이 개는 태어날 때부터 꼬리가 거의 없거나, 완전히 성장해도 길이가 10센티미터 남짓이지요. 그런 까닭에 상당수 주인들이 이 견종의 특성을 살리기 위해 새끼 때 꼬리를 잘라주기도 합니다. 브리타니의 털 색깔은 흰색 바탕에 오렌지색, 적갈색, 검은색이 섞인 것으로 구분됩니다. 이 개는 온순하고 충성심이 강합니다. 주인의 명령을 잘 따르고 사교성이 좋지요. 머리가 영리해서 훈련에 대한 이해력도 높습니다.

| 키 | 47~50센티미터 | 몸무게 | 13~18킬로그램 |

잉글리시스프링어스패니얼

영국이 원산지인 개입니다. 넓은 의미로 '스패니얼'은 몸집이 크지 않고 새 사냥에 이용되던 개를 일컫지요. 잉그리시스프링어스패니얼은 모든 스패니얼 계통 개들의 출발점이 된 견종입니다. 사냥을 아주 잘하지요. 이 개의 이름에 붙은 '스프링어'는 사냥감을 찾아 날아오르게 하는 데 최고라는 뜻을 담고 있습니다. 그뿐 아니라 총에 맞은 사냥감도 잘 물어 와 주인의 사랑을 독차지했지요. 이 개는 스패니얼 종류 가운데 몸집이 큰 편입니다. 보통 크기의 머리와 주둥이에, 털에 덮인 늘어진 귀를 갖고 있지요. 골격이 단단하며, 짧은 등이 곧게 뻗어 있습니다. 또한 짤막한 꼬리에 큼지막한 발을 가졌지요. 이런 발의 모습은 수풀이 우거진 거친 땅을 안정감 있게 뛰어다니기에 안성맞춤입니다. 아울러 중간 길이의 곱슬거리는 털을 가졌는데, 특히 배와 다리 등에 제법 긴 털이 자라 있습니다. 털 색깔은 흰색 바탕에 검은색이나 갈색이 섞인 것이 대부분이지요. 잉그리시스프링어스패니얼의 성격은 사교적이며 활달합니다. 사람과 어울려 운동하는 것을 좋아하며, 지능도 꽤 높지요.

- **키** 48~51센티미터
- **몸무게** 18~24킬로그램

노르웨이언엘크하운드

이 개의 이름인 엘크하운드는 '말코손바닥사슴 개'라는 의미입니다. 유럽에서는 사슴 종류 가운데 가장 큰 말코손바닥사슴을 엘크라고 부르지요. 그러니까 이름만 봐도 노르웨이에서 사슴을 잡던 개인 것을 알 수 있습니다. 이 개는 사슴 사냥뿐만 아니라 썰매 끌기와 가축 보호 등에도 이용되어 왔지요. 지금은 노르웨이를 대표하는 견종으로 잘 알려져 있습니다. 노르웨이언엘크하운드는 다부진 몸집에 목을 꼿꼿이 치켜든 자신만만한 모습입니다. 견고한 머리와 보통 길이의 두툼한 주둥이를 가졌으며, 목이 굵고 탄탄하지요. 또한 삼각형 귀가 뾰족하게 세워져 있고, 털에 덮인 꼬리는 힘 있게 등 쪽으로 말아 올린 형태입니다. 근육이 발달된 허리가 짧아 더욱 야무진 인상이며, 군살 없는 네 다리가 곧게 뻗어 있지요. 온 몸이 북슬북슬한 털에 싸여 있는 터라, 전체적으로 위엄 있는 이미지입니다. 털 색깔은 회색 바탕에 검은색이 섞인 농도에 따라 다른 빛깔을 내보이지요. 이 개의 성격은 침착하면서 대범합니다. 주의력이 높고, 독립성이 강하지요. 아울러 쓸데없이 공격성을 드러내며 짖어대는 일이 별로 없습니다.

키 47~52센티미터   **몸무게** 18~23킬로그램

홋카이도

일본 홋카이도가 원산지인 개입니다. 그곳의 원주민인 아이누족이 야생동물을 사냥할 때 이용했지요. 그래서 '아이누견' 또는 '세타'라고 부르기도 합니다. 1937년 일본의 천연기념물로 지정되었고, 이제는 홋카이도를 넘어 많은 일본인들이 반려견으로 키우고 있습니다. 이 개는 겉모습이 화려하지 않지만 뚝심 있고 의젓한 인상입니다. 전체적으로 근육이 발달하고 뼈가 튼튼해 당당한 이미지를 내보이지요. 머리가 큰 편이며, 이마가 넓고, 쐐기 모양의 주둥이가 야무져 보입니다. 눈꼬리가 살짝 올라가 언뜻 매서운 면도 있으며, 삼각형의 작은 귀를 바짝 세워 어디 한군데도 허술해 보이지 않지요. 특히 목이 두껍고, 길지 않은 등이 곧게 뻗어 힘이 좋습니다. 적당한 길이의 다리는 근육질이며, 꼬리는 두툼하게 말아 엉덩이 위로 올리고 있는 모습이지요. 털 색깔은 흰색, 검은색, 황갈색, 적갈색 등으로 다양합니다. 흰색이나 검은색에 황갈색이 섞인 것도 있고요. 홋카이도는 믿음직스러우면서 온순한 성격입니다. 대담하면서 인내력도 강한 편이지요. 주인에 대한 충성심이 강해 다른 사람들에게는 사납게 굴기도 합니다.

키 46~52센티미터 **몸무게** 13~21킬로그램

복서

독일이 원산지인 개입니다. 옛날에는 귀족들이 곰이나 멧돼지 같은 대형 동물을 사냥하는 데 이용했지요. 지금은 경찰견, 수색견, 군견 등으로 다양한 분야에서 활약하고 있습니다. 이 개의 이름은 싸울 때 권투 선수처럼 앞발을 잘 사용하는 행동에서 유래했지요. 복서는 누구와 맞서도 물러서지 않을 듯 용맹스러운 인상입니다. 크고 단단한 머리에 튼튼한 주둥이를 갖고 있으며, 앞에서 보면 윗입술의 가장자리가 아랫입술의 가장가리를 덮은 형태지요. 아래턱이 위턱보다 튀어나와 위로 약간 올라가 있고, 간격이 넓은 보통 크기의 두 귀를 쫑긋 세우거나 늘어뜨립니다. 또한 목이 아주 탄탄해 보이고, 가슴이 발달했으며, 길지 않은 허리가 곧게 뻗어 있지요. 한눈에 보기에도 근육질인 네 다리는 견고하게 몸을 지탱하고요. 몸에는 짧은 털이 매끈하게 나 있는데, 털 색깔은 황갈색과 얼룩무늬로 구분됩니다. 얼룩무늬는 검은색과 갈색이 섞인 바탕에 흰색 털이 무늬를 이룬 모습이지요. 이 개는 늘 자신만만하고 경계심이 강하며 활동적인 성격입니다. 반면에 주인에게 순종적이고, 섣불리 나대지 않는 침착한 면도 있지요.

키　54~63센티미터　　몸무게　24~35킬로그램

비어디드콜리

올드잉글리시시프도그와 닮은 개입니다. 영국이 원산지로, 18세기 명화에 종종 등장할 만큼 인기가 높았지요. 오랫동안 양치기 개로 활약하며 사람들과 친숙하게 지냈습니다. 1950년대 말에는 미국에도 전해져 새로운 반려견으로 주목받았지요. 비어디드콜리는 올드잉글리시시프도그에 비해 몸집이 조금 호리호리한 편입니다. 온 몸에 거친 털이 촘촘히 나 있어 추위에 강하지요. 보통 크기의 머리에 튼튼한 주둥이, 순해 보이는 큰 눈, 아래로 늘어뜨린 귀를 갖고 있습니다. 목은 길고 근육질이며, 등이 곧고, 허리가 튼튼하지요. 또한 낮게 늘어뜨린 중간 길이의 꼬리와 털에 덮인 네 다리가 이 개의 개성을 더욱 돋보이게 합니다. 겉모습과 달리 비어디드콜리의 걸음걸이는 상당히 유연하고 거침이 없지요. 털 색깔은 검은색, 황갈색, 회색 등입니다.
이 개는 활동적이며 민첩합니다. 자신감이 넘치면서도 섣불리 공격성을 띠지는 않지요. 주인에게 순종하고, 환경 변화에 대한 인내심도 강한 편입니다.

키 51~55센티미터   **몸무게** 18~26킬로그램

시코쿠

일본이 원산지인 개입니다. 주요 서식 지역에서 이름이 유래했으며, 1937년 일본의 천연기념물로 지정되었습니다. 옛날에는 멧돼지 사냥 등에 이용되어 여느 견종 못지않게 뛰어난 실력을 발휘했지요. 이 개는 산악 지형에서도 민첩함을 잃지 않았거든요. 투견으로 유명한 도사견의 원조로도 잘 알려져 있습니다. 시코쿠는 날렵하고 다부진 이미지의 개입니다. 근육이 잘 발달해 신체 각 부위의 윤곽이 뚜렷하지요. 보통 크기의 머리에 이마가 넓고, 주둥이가 길고 야무지며, 작은 눈에 쫑긋 선 삼각형 모양의 귀를 갖고 있습니다. 또한 목이 굵고 탄탄하며, 곧게 뻗은 등과 근육질의 가슴을 자랑하지요. 꼬리는 힘 있게 등 쪽으로 말려 있고, 적당한 길이의 네 다리는 강인한 인상을 더해줍니다. 털 색깔은 붉은빛과 검은빛이 섞인 얼룩무늬이거나 적갈색을 띠는 것이 대부분이지요. 이 개는 매우 활동적이고 지구력이 돋보입니다. 여전히 사냥개다운 예민한 감각을 잃지 않고 있으며, 주변 상황에 대한 경계심이 강하지요. 주인에게는 순종하는 성격입니다.

키 43~55센티미터　**몸무게** 15~25킬로그램

에어데일테리어

영국이 원산지인 개입니다. 요크셔테리어와 닮아 보이지만, 테리어 견종 가운데 몸집이 가장 큽니다. 옛날에는 사냥개로 이용됐으며, 요즘은 군견이나 경찰견으로 활약하고 있지요. 후각이 매우 뛰어나 적을 쫓거나 실종자를 찾는 데 큰 도움이 됩니다. 에어데일테리어는 뻣뻣하고 곱슬거리는 털이 온 몸에 나 있습니다. 특히 주둥이에 수염처럼 털이 자라 있고, 다리에도 풍성하게 털이 덮여 있어 개성 있는 외모를 자랑하지요. 머리가 길고 평평한 형태이며, 주둥이 역시 끝이 뭉툭한 쐐기 모양입니다. 눈은 작은 편이고, 보통 크기의 귀가 접혀 있으며, 꼬리는 힘 있게 위로 들어 올린 모습이지요. 또한 목과 다리가 길고 등이 곧아 우아한 이미지를 내보입니다. 털 색깔은 검정색과 황갈색이 섞인 경우가 대부분이지요. 대개 목 윗부분과 등은 검정색이고, 머리를 비롯해 가슴과 다리는 황갈색입니다. 에어데일테리어는 활동력이 왕성하고 자신감이 넘칩니다. 누구와 맞서도 용감하며, 주변에 대한 경계를 소홀히 하지 않지요. 그러나 공격적이지는 않고, 주인을 잘 따릅니다.

- 키: 55~61센티미터
- 몸무게: 20~23킬로그램

카이

일본이 원산지인 개입니다. 바위산을 잘 타서 토끼, 사슴, 멧돼지 등을 잡을 때 사냥꾼을 도와 중요한 역할을 했지요. 1933년 일본의 천연기념물로 지정되었습니다. 겉모습에 호랑이 털 무늬가 두드러져 '카이호견', 즉 '카이의 호랑이 개'라고 부르기도 합니다. 카이는 근육이 발달하고 균형 잡힌 체형이라 매우 용맹스러워 보입니다. 특히 오랫동안 일본의 산악 지대에서 살아온 만큼 다리 근육이 탄탄하지요. 그 밖에 머리가 크고 견고하며, 주둥이 역시 두툼하면서도 날렵해 강인한 인상을 풍깁니다. 굵고 튼튼한 목은 어떤 상대와 맞서도 물러서지 않을 듯 보이며, 가슴 근육이 깊고 상대적으로 등이 짧아 힘이 세지요. 엉덩이 높은 곳에 위치해 등쪽으로 한껏 말아 올린 꼬리도 그런 이미지를 더욱 돋보이게 합니다. 털 색깔은 앞서 이야기했듯 호랑이 같은 얼룩무늬가 눈에 띕니다. 검은색이 강한 얼룩무늬, 또는 붉은색이 강한 얼룩무늬로 구분할 수 있습니다.

이 개는 경계심이 많아 주변 상황에 민감하게 반응합니다. 지구력이 좋고 머리도 영리한 편이지요. 종종 사나운 모습을 보이지만, 주인에게는 순종적입니다.

키 45~53센티미터   **몸무게** 11~18킬로그램

키슈

일본의 산악 지대인 키슈 지역을 대표하는 개입니다. 옛날에는 사슴이나 멧돼지 사냥에 이용되었고, 집을 지키는 경비견으로도 뛰어난 실력을 뽐냈습니다. 1934년 일본 정부에서 천연기념물로 지정해 보호하고 있지요. 키슈는 우리나라의 진돗개와 겉모습이 닮았습니다. 당당한 체형에 근육이 발달했지요. 귀가 쫑긋 서 있고 꼬리가 둥글게 말려 올라간 점 역시 진돗개와 비슷합니다. 그 밖에도 키슈는 큼지막한 머리에 넓은 이마, 쐐기 모양의 두툼한 주둥이, 튼튼한 이빨을 가졌습니다. 목이 굵고, 가슴이 탄탄하며, 등이 일자로 곧게 뻗어 있지요. 적당한 길이에 근육이 발달한 네 다리는 어디 한 군데 빈틈이 없어 보이는 몸을 견고하게 지탱합니다. 털 색깔은 흰색, 붉은색, 군데군데 붉은빛이 도는 황갈색으로 구분되지요. 이 개의 성격은 침착하고 온순합니다. 주인에게 순종적이며, 함부로 짖어대는 일이 없지요. 사냥개 출신답게 지구력이 좋고 행동도 민첩합니다.

키 43~55센티미터　**몸무게** 15~23킬로그램

몰티즈

이탈리아를 중심으로 한 지중해 지역이 원산지인 개입니다. 몸집이 작고 외모가 앙증맞아 오래 전부터 귀부인들의 사랑을 받아왔습니다. 유럽의 르네상스 시대 그림을 보면, 신분 높은 여성들이 몰티즈를 데리고 거실에 앉아 있는 모습을 확인할 수 있지요. 특히 나이 든 귀부인들이 이 개와 함께하며 노년의 외로움을 달랬다고 합니다. 현재 몰티즈는 우리나라 사람들이 가장 많이 키우는 반려견으로 알려져 있습니다. 이 견종의 매력이라면 뭐니 뭐니 해도 온 몸을 덮고 있는 순백색의 털을 먼저 이야기할 만합니다. 거기에 새까만 눈동자와 코, 작은 입이 귀여움을 더하지요. 머리는 동그랗고 주둥이가 짧으며, 삼각형에 가까운 귀를 갖고 있습니다. 몸집에 어울리는 짧은 다리로 종종거리며 걷는 모습을 보면 누구라도 미소를 지을 수밖에 없지요. 털을 길러 잘 관리해주면 우아한 이미지까지 갖게 됩니다. 작은 체구의 몰티즈는 활동량이 무척 많습니다. 성격이 밝아서 붙임성도 좋지요. 또한 머리가 영리하며, 좀처럼 사나운 행동을 하지 않습니다.

키　19~25센티미터　　몸무게　2.7~4킬로그램

시추

고대 중국 황실에서 길렀다고 알려진 개입니다. 티베트에서 유래했으며, 20세기 초가 되어서야 서양에 소개되었습니다. 중국에서는 '스쯔거우'라고 부르는데, 거기에서 시추라는 이름이 탄생했다고 합니다. 콧등에서 위쪽으로 자라난 털 때문에 얼굴이 얼핏 국화꽃처럼 보여 '국화개'라는 별명도 갖고 있습니다. 시추는 둥근 얼굴에 납작한 코와 주둥이가 귀여움을 돋보이게 합니다. 턱은 넓적한 형태이며, 큼지막한 귀를 아래로 늘어뜨리고 다니지요. 또한 눈 사이가 넓고, 어깨가 벌어졌으며, 몸에 비해 짧은 다리를 갖고 있습니다. 그런 몸의 구조 때문에 걸음걸이가 뒤뚱거리는데, 사람들은 그 모습이 귀여워 더욱 좋아하지요. 게다가 머리를 세우고 꼬리에까지 힘을 줘 걸어 다니는 행동에서 작은 체구에 어울리지 않는 당당함이 느껴지기도 합니다. 털 색깔은 흰색 바탕에 귀와 눈, 허리 주변에 검은색과 갈색 등이 다양하게 섞여 있습니다. 시추는 온순하고 장난을 좋아해 사람들과 잘 어울립니다. 그러면서도 이따금 고집을 부리거나 식탐을 부릴 때가 있지요. 털을 길러 잘 관리해주면 외모가 더욱 예쁩니다.

키 22~27센티미터 **몸무게** 4.5~8킬로그램

요크셔테리어

영국이 원산지인 개입니다. 오래 전 노동자들이 공장의 쥐를 잡기 위해 키웠지요. 그 후 영국 상류층 여인들이 사랑하는 반려견이 되었고, 19세기 말부터 미국을 비롯한 전 세계에 소개되기 시작해 큰 인기를 끌었습니다. 최근에는 우리나라에서도 '요키'라는 별칭으로 부르며 많은 사람들이 키우고 있는 견종이지요. 요크셔테리어는 몸집이 작지만 전체적으로 야무진 인상입니다. 머리가 작고, 길지 않은 주둥이를 가졌지요. 아울러 보통 크기의 눈에 곧게 세운 삼각형 모양의 귀, 기다란 목, 일자로 뻗은 다리를 갖고 있습니다. 그런데 이 개의 겉모습에서 가장 눈에 띄는 것은 아름다운 털입니다. 잘 관리해주면 비단실 같은 긴 털이 커튼같이 늘어져 고급스런 이미지를 자랑하지요. 털 색깔은 대부분 검은색 또는 검푸른색 바탕에 금색과 황갈색이 섞여 있습니다. 요크셔테리어는 활동적이며 적극적인 호기심을 가진 개입니다. 한편, 이따금 잘 짖고 사나운 행동을 보이기도 하지요. 그것은 이 개가 경계심이 많고 주인에 대한 소유욕이 강하기 때문입니다. 그런 모습은 꾸준한 훈련을 통해 충분히 바로잡을 수 있습니다.

키 18~22센티미터   **몸무게** 2.8~3.2킬로그램

친

일본이 원산지인 개입니다. 원래는 중국에 살던 개가 일본으로 건너가 지금의 모습으로 개량되었습니다. 과거 일본에서는 귀한 개로 여겨져 귀족들만 키울 수 있었다고 하지요. '재패니즈친'이라고 부르기도 합니다. 친은 작지만 기품이 넘치는 외모를 갖고 있습니다. 보통 크기의 머리에 얼굴이 넓고, 코와 주둥이가 납작하지요. 옆에서 보면 이마와 주둥이가 수직으로 보일 정도입니다. 아울러 키에 비해 몸길이가 짧은 편이며, 눈이 크고 삼각형의 귀가 늘어져 있습니다. 얼굴이 넓은 만큼 두 눈과 두 귀 사이도 넓게 벌어진 형태지요. 근육이 발달하지 않은 가느다란 뼈대의 네 다리가 곧고, 발의 모양은 마치 토끼 발과 닮았습니다. 꼬리를 비롯한 온 몸에 풍성한 털이 덮여 있는데, 색깔은 주로 흰색 바탕에 검은색 또는 붉은색 무늬가 섞였지요. 친은 영리하고 온순한 성격입니다. 애교 섞인 행동을 곧잘 하면서도 차분하고 말썽을 부리는 경우가 별로 없지요. 다른 개들과도 사이좋게 잘 어울립니다. 또한 많은 운동을 필요로 하지 않아 노인들의 반려견으로도 더없이 좋습니다.

키 22~27센티미터   **몸무게** 2.7~3.8킬로그램

치와와

멕시코가 원산지인 개입니다. 멕시코에 치와와주가 있는데, 거기서 이름이 유래됐습니다. 반려견 중에서는 가장 작은 견종으로 알려져 있지요. 치와와는 털이 긴 장모종과 털이 짧은 단모종, 두 종류가 있습니다. 이 개는 미국에서 먼저 인기를 끌었는데, 일찍이 1923년 치와와 반려인 모임인 '치와와클럽'이 생겨날 정도였지요. 치와와의 털은 전체적으로 부드럽고 윤기가 흐릅니다. 장모종과 단모종 모두 그렇지요. 다만 장모종이 단모종보다 털이 덜 빠지는 경향이 있습니다. 털 색깔은 황갈색, 검은색, 적갈색이며 두세 가지 색이 섞이기도 합니다. 또한 머리가 둥글고, 주둥이가 짧으며, 귀가 크고, 눈이 튀어나온 모습이지요. 턱이 작아 이빨이 튼튼하지 않고, 다리뼈가 가늘고 약해 자칫 부러지기 쉽습니다. 게다가 추위까지 많이 타기 때문에 항상 세심한 관리가 필요하지요. 만약 이 개가 몸을 부르르 떨면 춥거나 스트레스를 받았다는 의미입니다. 치와와는 쾌활한 성격에 행동이 재빠릅니다. 주인을 잘 따르고 애교가 많지요. 아울러 덩치 큰 개와 맞서도 물러서지 않고 짖어댈 만큼 깡도 있습니다.

| 키 | 13~20센티미터 | 몸무게 | 1.5~3킬로그램 |

푸들

독일과 프랑스를 중심으로 오래 전부터 키워온 개입니다. 옛날에는 물오리 사냥에 이용했던 견종인데, 요즘은 반려견으로 큰 사랑을 받고 있지요. 특히 프랑스 사람들은 '카니쉬'라고 부르며 특별한 애정을 쏟습니다. 푸들은 사람들의 요구에 따라 몸집의 크기가 점점 작게 개량되어 왔습니다. 물오리 사냥을 하던 시기의 푸들을 '스탠더드푸들'이라고 하는데, '미디엄푸들'과 '미니어처푸들'을 거쳐 '토이푸들'까지 등장했지요. 원래는 그냥 푸들이었던 개가 작은 몸집을 선호하는 사람들의 필요에 맞춰 네 가지 종류로 구분된 것입니다. 그럼에도 모든 푸들은 비슷한 특징을 갖고 있습니다. 조금 작은 듯한 머리에 단단해 보이는 주둥이, 도드라진 코, 아래로 늘어뜨린 귀, 근육이 발달해 쭉 뻗은 다리 등이 그것입니다. 무엇보다 온 몸이 곱슬곱슬한 털로 덮여 있는 것이 최고의 개성이지요. 털 색깔은 검은색, 흰색, 갈색 등 다양한데 모두 단색입니다. 푸들은 머리가 아주 영리하고 사교성이 뛰어납니다. 훈련을 시키면 여느 견종보다 습득 속도가 빨라 보람을 느끼지요. 온순한 성격에 활동량도 많은 편입니다.

키 스탠더드푸들(45~60센티미터), 미디엄푸들(35~44센티미터), 미니어처푸들(28~34센티미터), 토이푸들(24~27센티미터)

몸무게 스탠더드푸들(20~27킬로그램), 미디엄푸들(6~20킬로그램), 미니어처푸들(3~6킬로그램), 토이푸들(2~3킬로그램)

포메라니안

독일이 원산지인 개입니다. 썰매를 끌던 개의 후손으로, 사람들의 바람에 따라 점차 작은 크기로 개량되었지요. 스피츠 견종과 같은 계통으로 보아 일부 유럽 국가에서는 '츠베르크스피츠'라고 부르기도 합니다. 그것은 '작은 스피츠'라는 뜻이지요. 앙증맞은 외모 때문에 '폼'이나 '폼폼'이라는 애칭으로 부르기도 합니다. 한마디로 포메라니안의 겉모습을 설명한다면 '귀여운 개'라고 할 수 있습니다. 축구공처럼 둥글고 풍성하게 부풀어 오른 아름다운 털이 특징이지요. 복슬복슬하고 푸근한 이 개의 털 색깔은 황갈색, 검은색, 흑갈색, 흰색 등 다양합니다. 그 밖에도 포메라니안은 몸길이가 짧고, 털에 덮인 꼬리가 등으로 말려 올라간 형태지요. 또한 자그마한 머리에 짧고 뾰족한 주둥이, 빳빳이 선 작은 귀, 동그랗고 초롱초롱한 눈망울을 가져 귀여운 이미지를 더합니다. 그런데 풍성한 털 안에 감춰진 네 다리의 골격이 가늘어 충격에 주의해야 하지요. 포메라니안은 영리하고 호기심이 많습니다. 아울러 성질이 급한 면이 있어 흥분을 잘하는 편이지요. 자기보다 큰 개에 맞서 과감히 짖어대기도 합니다. 그래도 주인은 잘 따릅니다.

| 키 | 15~21센티미터 | 몸무게 | 1.5~3.4킬로그램 |

파피용

프랑스, 스페인, 이탈리아 지역을 중심으로 키워온 개입니다. 파피용은 프랑스어로, '나비'라는 뜻이지요. 작고 귀여우며, 나비 날개 같은 커다란 귀를 갖고 있어 붙여진 이름입니다. 이 견종은 오래 전부터 유럽 귀족의 부인들에게 인기가 높았다고 하지요. 루벤스나 렘브란트 같은 유명 화가들의 그림에도 종종 등장한 것을 볼 수 있습니다. 파피용은 둥근 머리에 짧은 주둥이, 새까만 코를 갖고 있습니다. 주둥이와 발끝을 빼고는 전체적으로 풍성한 털이 덮여 있지요. 털 색깔은 대부분 흰색 바탕에 검은색, 주황색, 적갈색 등이 섞인 형태입니다. 흔히 양쪽 귀와 눈 주변, 등 쪽에 흰색과 대비되는 다른 색의 무늬가 보이지요. 그런데 파피용의 특색을 딱 하나만 손꼽으라면 단연코 커다란 귀입니다. 몸에 비해 귀가 매우 커서, 앞서 설명했듯 얼핏 나비 날개 같다고 생각될 정도지요. 그런 귀의 모습이 파피용을 더욱더 귀여워 보이게 합니다. 이 개의 성격은 온순하며 애교가 많습니다. 겉모습과 달리 환경 변화에 잘 적응하고 활동력도 뛰어나지요. 지능지수가 높은 편이라 주인이 바라는 바를 금방 알아채기도 합니다.

키 20~28센티미터 **몸무게** 3.5~4.5킬로그램

비숑프리제

프랑스와 벨기에를 중심으로 널리 키워온 개입니다. 이 견종의 이름에는 '곱슬곱슬한 털'이라는 의미가 담겨 있지요. 17~18세기 명화들을 보면 이따금 비숑프리제가 등장하는 것을 볼 수 있습니다. 그만큼 이 개가 귀족들의 사랑을 받은 반려견이었다는 사실을 증명하지요. 하지만 두 차례의 세계 대전을 거치면서 개체 수가 많이 줄어들었는데, 그 후 다시 사람들의 관심을 끌어 이제는 세계적으로 유명한 견종이 되었습니다. 비숑프리제는 곱슬곱슬한 털이 자라 얼굴이 동그란 형태가 되는 것이 가장 큰 특징입니다. 털 색깔이 하얘서 얼핏 몰티즈 같아 보이기도 하고, 곱슬거리는 털 때문에 푸들의 이미지를 풍기기도 합니다. 그러나 얼굴 모습이 몰티즈와 다르고, 푸들에 비해 털의 굵기가 가늘고 부드럽지요. 또한 다소 납작한 머리에 짤막한 주둥이, 기다란 목, 털에 덮여 잘 보이지 않지만 아래로 쳐진 귀, 등 쪽으로 우아하게 말려 올라간 꼬리를 갖고 있습니다. 털 색깔은 이미 이야기했듯 거의 모두 흰색이고요. 이 개의 성격은 온순하고, 주인을 잘 따릅니다. 아울러 매우 활달하고 사교성도 좋지요.

키 23~30센티미터　　**몸무게** 5~8킬로그램

페키니즈

중국이 원산지인 개입니다. 이름에 '베이징을 상징하는 개'라는 의미가 담겨 있지요. 중국 진시황 때 궁궐 안에서 신성한 개로 키워지며 많은 인기를 얻었다고 합니다. 당시 일부 귀족들은 페키니즈를 소매 속에 넣고 다닐 만큼 아꼈다고 하지요. 1860년 아편전쟁 때 영국인들이 이 개를 약탈해 가서 서양에 알려졌다고 합니다. 페키니즈는 소형견이지만 작은 사자 같은 인상입니다. 몸집에 비해 가슴이 넓고, 목 주변 털이 풍성해 갈기처럼 보이지요. 또한 옆으로 길고 납작한 얼굴에 주둥이가 짧으며, 검고 둥근 눈에 윤기가 흐르고, 짤막한 다리를 갖고 있습니다. 털에 덮인 꼬리는 등 쪽으로 말려 올라가 한쪽에 치우쳐 있지요. 전체적으로는 온 몸에 털이 풍성하게 덮여 있어, 짧게 잘라주지 않으면 커다란 털뭉치처럼 보일 정도입니다. 털 색깔은 흰색, 회색, 황갈색, 검은색, 적갈색 등 다양하지요. 그런데 대개 입 주변이나 눈 주위 피부는 검은빛을 띱니다. 페키니즈는 용감하고 독립심이 강합니다. 평소 조용하며, 갑작스런 상황에도 웬만해서는 침착함을 잃지 않지요. 주인을 잘 따르지만 낯선 사람에게는 경계심을 보이는 편입니다.

| 키 | 16~23센티미터 | 몸무게 | 3.2~6.2킬로그램 |

라사압소

티베트가 원산지인 개입니다. 히말라야의 도시 라사에서 궁전과 수도원의 경비견으로 활동했지요. 티베트 사람들은 평화와 번영을 가져다주는 희망의 개로 여기기도 했습니다. 아울러 해탈하지 못한 티베트 승려들이 라사압소로 환생한다는 믿음을 갖고 있기도 하지요. 이름의 일부인 '압소'에는 '긴 털의 개'라는 의미가 담겨 있습니다. 라사압소는 티베트의 척박한 환경에 적응하기 좋은 모습을 갖췄습니다. 머리부터 꼬리까지 두터운 털에 덮여 있어 추위를 막아내기 안성맞춤이지요. 눈 주위에도 털이 가득해 바람과 먼지로부터 눈동자를 보호합니다. 보통 크기의 머리에 짤막한 주둥이, 긴 털에 싸여 아래로 늘어진 귀, 튼튼한 목과 평평한 등, 몸에 비해 짧은 다리를 갖고 있고요. 털 색깔은 검은색, 옅은 황갈색, 짙은 회색, 적갈색, 흰색 등 여러 가지입니다. 이따금 두 가지 색이 적절히 섞여 다른 이미지를 나타내기도 합니다. 라사압소는 온순하지만 경계심이 강합니다. 낯선 사람을 꺼리는 성격은 경비견으로서 꼭 필요한 장점이지요. 그러나 주인 앞에서는 명랑하고 활달해 반려견으로 적합합니다.

키 23~28센티미터   몸무게 5~8킬로그램

코튼드툴리어

아프리카 대륙 오른편에 마다가스카르라는 나라가 있습니다. 코튼드툴리어는 바로 마다가스카르가 원산지인 개입니다. 툴리어는 그곳의 항구 도시인데, 이 개 이름에 '툴리어 항구에 피는 목화'라는 뜻이 담겨 있지요. 이 개는 처음에 배 안의 쥐를 잡을 목적으로 키우기 시작했다고 합니다. 그 후 세상에 널리 알려져 인기 있는 반려견으로 자리 잡았지요. 코튼드툴리어는 온 몸에 목화솜 같은 하얀 털이 덮여 있습니다. 가끔 옅은 주황색이나 옅은 갈색이 귀 주변을 중심으로 나타나기도 하지요. 털의 질감은 매우 부드럽고 따스합니다. 또한 코튼드툴리어는 둥근 머리에 짤막한 주둥이, 아래로 늘어뜨린 삼각형 모양의 귀, 둥글고 생기 넘치는 눈, 다소 짧은 편인 다리를 갖고 있습니다. 목 근육이 발달했고, 등은 살짝 볼록하며, 꼬리 역시 털에 싸여 들려 있는 모습이지요.

이 개는 성격이 밝고 활달해 사람이나 다른 개들과 잘 어울립니다. 별 이유 없이 짖어대거나 사납게 굴지 않지요. 무엇보다 코튼드툴리어는 환경 변화에 대한 적응력이 뛰어나 좀처럼 예민한 모습을 보이지 않습니다.

| 키 | 22~30센티미터 | 몸무게 | 3.5~6킬로그램 |

케언테리어

영국이 원산지인 개입니다. 동작이 민첩하고 냄새를 잘 맡아 바위굴에 숨어 있는 여우를 찾는 데 이용됐습니다. 여우 사냥개 가운데 몸집이 가장 작지요. 이 개는 그 때의 습성이 여전히 남아 있어 이따금 땅을 파헤치는 행동을 합니다. 케언테리어는 약간 작은 듯한 머리에 풍성하게 털이 나 있습니다. 주둥이가 탄탄하고, 몸에 비해 이빨이 큰 편이며, 끝이 뾰족한 삼각형 모양의 귀가 바짝 서 있지요. 또한 짧지 않은 목을 빳빳하게 세우고 있을 때가 많고, 평평한 등을 가졌으며, 보통 길이의 꼬리를 위로 치켜든 모습입니다. 다리 길이는 짧은 편인데 소형견치고 뼈가 제법 튼튼하지요. 털 색깔은 크림색, 붉은색, 회색, 청회색, 옅은 황갈색을 비롯해 잿빛 바탕에 회색 얼룩무늬가 있는 것으로 구분됩니다. 특히 귀와 주둥이, 꼬리 끝의 색깔이 진한 경우가 많습니다. 이 개는 용감하고 활동적이며, 호기심이 강한 성격입니다. 상대와 맞설 때는 겁 없이 투지를 발휘하지요. 그렇지만 먼저 공격적인 행동을 보이는 일은 별로 없습니다.

키 22~31센티미터   **몸무게** 5.8~7.5킬로그램

실리엄테리어

영국 웨일스 지역에서 길러온 개입니다. 테리어 종과 웰시코기 종 사이에서 탄생한 것으로 알려져 있지요. 원래 '테리어'는 '땅을 파다'라는 의미가 담긴 라틴어에서 유래된 말입니다. 따라서 테리어 종은 땅속이나 바위굴에 숨어 있는 작은 동물을 잡는 데 능력을 발휘했지요. 특히 실리엄테리어는 짖는 소리가 커서 사냥감을 몰아붙이는 일에 큰 도움이 됐습니다. 실리엄테리어는 둥근 머리에 주둥이가 매우 기다랗습니다. 목도 상당히 길고 탄탄하며, 앞다리 사이로 길게 내려온 형태의 가슴에 평평한 등을 가진 모습이지요. 또한 눈 사이의 거리가 멀고, 보통 크기의 끝이 둥근 귀를 늘어뜨리고 있으며, 수직에 가깝게 올라가 동그랗게 말린 꼬리를 갖고 있습니다. 이 개의 꼬리는 흔히 잘라주는데, 그 때는 짧고 굵은 꼬리가 위로 곤두선 모양이지요. 아울러 다리 길이는 짧은 편이지만 근육이 발달해 힘이 좋습니다. 털 색깔은 대개 흰색이며, 머리와 귀에 레몬색이나 황갈색 무늬가 섞이기도 합니다. 이 개의 성격은 투지가 넘치고, 겁이 없으며, 지구력이 뛰어납니다. 주인에 대한 충성심도 강한 편이지요.

키 25~31센티미터   **몸무게** 8.2~9.5킬로그램

브뤼셀그리펀

브뤼셀은 벨기에의 수도입니다. 이 개의 원산지가 벨기에인 것을 알 수 있지요. 브뤼셀그리펀은 중세 시대 때 벨기에 궁전에서 큰 사랑을 받았습니다. 그 후 19세기 무렵 영국을 비롯한 유럽 여러 나라에 알려졌고, 20세기 들어서는 미국에도 소개됐지요. 브뤼셀그리펀은 몸집이 작지만 단단해 보이는 인상입니다. 몸에 비해 머리가 크고, 주둥이는 매우 짧으며, 눈 사이가 넓은 편이지요. 목의 길이는 보통이며, 키와 몸길이가 거의 비슷해 야무진 이미지를 갖습니다. 또한 귀가 작고, 꼬리는 위를 향해 들려 있지요. 그러나 대개는 꼬리를 잘라주기 때문에 굵고 짧은 꼬리가 세워져 있는 형태입니다. 다리는 보통 길이로, 소형견치고는 뼈가 튼튼한 편이지요. 털 색깔은 대부분 적갈색이거나 검은색입니다. 브뤼셀그리펀의 성격은 밝고 호기심이 강합니다. 경계심이 많고, 행동이 재빠르며, 항상 자신감이 넘쳐 보이지요. 아울러 웬만해서는 사나운 행동을 하지 않으며, 주인에 대한 충성심이 높지요. 자유롭게 뛰어다니면서 사람들과 어울리는 것 역시 아주 좋아합니다.

| 키 | 18~20센티미터 | 몸무게 | 3~5.5킬로그램 |

차이니즈크레스티드

중국 상인들이 아프리카 등에서 들여와 개량한 개입니다. 같은 어미에서 서로 다른 두 가지 모습의 새끼가 태어나는 특이한 견종이지요. 차이니즈크레스티드는 '파우더퍼프'와 '헤어리스'로 나뉩니다. 파우더퍼프는 길고 부드러운 털이 온 몸에 덮여 있어 여느 견종과 별 차이가 없지요. 그에 비해 헤어리스는 매우 독특한 외모를 자랑합니다. 이 개는 머리와 꼬리, 발에만 긴 털이 나 있거든요. 다른 부위에는 털이 없어 맨 피부가 드러나 있습니다. 머리에 난 털은 말갈기처럼 목까지 이어지고, 발에는 마치 양말을 신은 것처럼 털이 수북하지요. 그 밖에도 차이니즈크레스티드의 겉모습에는 몇 가지 눈에 띄는 점이 있습니다. 둥근 머리에 주둥이가 날렵하고, 큼지막한 귀가 곧게 서 있으며, 늘씬하게 뻗은 다리를 가졌지요. 털에 덮인 꼬리는 길고 가늘며, 일직선으로 늘어뜨린 형태입니다. 파우더퍼프의 경우 털 색깔은 흰색 바탕에 옅은 갈색이 도는 등 다양하지요. 헤어리스의 경우는 주로 분홍색이나 적갈색이 감도는 피부색을 내보입니다. 겨울에는 진한 반점이 나타나기도 하고요. 이 개의 성격은 쾌활하고 활동적이며, 주인을 잘 따릅니다.

| 키 | 23~33센티미터 | 몸무게 | 2.3~5.5킬로그램 |

퍼그

중국이 원산지인 개입니다. 얼핏 불도그를 닮은 듯하지만 턱과 입 모양 등에 차이가 있지요. 이 견종은 페키니즈처럼 납작한 얼굴로 오랫동안 중국인들의 사랑을 받았습니다. 그 후 16세기 무렵 네덜란드 상인들이 유럽에 들여가 널리 알려졌지요. 퍼그는 전체적으로 땅딸막한 몸집에 다부진 인상입니다. 머리가 크고 둥글며, 주둥이는 매우 짧지요. 주둥이를 중심으로 검은빛이 도는 얼굴에는 주름이 가득합니다. 크고 반짝이는 눈동자를 가졌고, 보통 크기의 귀가 아래로 늘어져 있으며, 입이 큰 편이지요. 퍼그의 얼굴을 쳐다보고 있으면 특유의 모습 때문에 괜히 안쓰러운 마음이 들기도 합니다. 자꾸만 웃음이 나오는 귀여운 이미지 또한 갖고 있지요. 그 밖에 퍼그는 근육이 발달한 짧은 다리를 가졌고, 엉덩이 위쪽으로 꼬리가 바짝 말려 올라간 형태입니다. 털 색깔은 검은색, 황갈색, 은회색 등이지요. 검은색이 아니더라도 주둥이와 귀는 검은빛을 띠는 경우가 대부분입니다.
퍼그의 성격은 온순하며, 장난치기를 좋아합니다. 가끔 고집스런 면을 보이기도 하지만 공격성은 별로 없지요.

| 키 | 25~33센티미터 | 몸무게 | 6~9킬로그램 |

프렌치불도그

영국의 불도그가 프랑스로 전해져 지금의 프렌치불도그로 개량되었습니다. 프렌치는 '프랑스의'라는 뜻이지요. 그러니까 이 개의 이름은 '프랑스의 불도그'라는 의미로 지어진 것입니다. 프렌치불도그는 머리가 크고, 주둥이가 짧고 두툼하며, 주름진 얼굴에 양 볼이 아래로 늘어진 모습입니다. 몸집이 작지만 뼈가 튼튼해 다부진 인상이고, 굵은 목에 넓은 가슴과 견고해 보이는 몸통을 자랑하지요. 근육이 발달한 짤막한 다리는 간격이 넓고, 태어날 때부터 짧은 꼬리가 곧게 뻗어 있습니다. 그런데 프렌치불도그의 눈에 띄는 특징으로는 귀의 모양을 빼놓을 수 없지요. 이 개의 귀는 커다란 박쥐 날개처럼 생겨 뿌리 부분이 넓고 끝이 둥근 형태입니다. 털 색깔은 흰색, 검은색, 옅은 황갈색을 비롯해 흰색과 검은색이 섞인 것 등이 있지요. 털의 길이는 짧고 부드러우며 윤기가 흐릅니다. 프렌치불도그는 활달한 성격으로 사교성이 뛰어납니다. 사람들과 장난치는 것을 좋아하며, 쉽게 짖는 법이 없지요. 제법 영리하고 호기심도 많습니다. 다만 더위에 약해 무더운 날씨에는 관리가 필요합니다.

키 24~33센티미터   **몸무게** 8~14킬로그램

보스턴테리어

미국이 원산지인 개입니다. 이름에서 짐작할 수 있듯, 미국 보스턴 지역에서 오늘날의 모습으로 개량되었습니다. 지금도 이 개는 매사추세츠 주의 공식 개이며, 그곳의 보스턴대학교 마스코트로 사랑받을 만큼 인기가 높지요. 사냥 실력은 뛰어나지 않지만 반려견으로서 장점이 많은 견종입니다. 보스턴테리어는 정사각형의 머리 형태에 주둥이가 짧습니다. 전체적인 체형도 정사각형에 가깝지요. 입 주위 살이 두툼하지만 아래로 늘어지지는 않았습니다. 적당한 길이의 탄탄한 목에 몸통이 짧은 편이며, 눈 사이 간격이 넓고, 작은 귀가 곧게 서 있는 모습이지요. 꼬리는 원래 보통 길이로 가느다란 형태지만 짧게 잘라주는 경우가 많고요. 네 다리는 반듯해 보이며 제법 근육이 발달했지요. 털 색깔은 검은색 또는 검은빛을 띠는 갈색에 흰 반점이 섞인 것이 일반적입니다. 이 개는 머리가 영리하고 활달한 성격을 가졌습니다. 평소 온순하고 애교가 많지만, 가끔은 예민하게 굴며 신경질을 부릴 때도 있지요. 그렇다고 거칠게 행동하는 개는 아닙니다.

| 키 | 25~42센티미터 | 몸무게 | 5~11킬로그램 |

닥스훈트

독일이 원산지인 개입니다. 옛날에는 사냥에 자주 이용됐지요. 굴속에 숨은 오소리와 토끼를 찾아내서 몰아붙이는 데 탁월한 능력을 발휘했거든요. 독일어로 '닥스'에는 '오소리'라는 뜻이 담겨 있고, '훈트'는 '사냥개'라는 의미입니다. 닥스훈트의 겉모습은 개성 만점입니다. 여느 견종에 비해 몸이 길고 다리가 무척 짧은데, 걷는 모습은 더 앙증맞지요. 거기에 긴 주둥이를 갖고 있어 굴속을 뒤질 때 편리했을 것으로 짐작됩니다. 그 밖에 이 개는 둥근 머리에 긴 목, 근육이 발달한 가슴, 끝이 둥근 커다란 귀를 늘어뜨리고 있지요. 특히 가슴뼈가 약간 튀어나온 형태이며, 어깨와 다리 근육이 매우 튼튼합니다. 꼬리는 얼핏 다리 길이보다 길어 보이고요. 털 색깔은 검은색, 황갈색, 적갈색 등 단색이거나 두 가지 이상의 색이 섞인 것으로 구분됩니다. 드물게 호랑이의 줄무늬처럼 얼룩 무늬가 비치는 경우도 있고요. 이 개는 영리하고 활달하며 사교성이 뛰어납니다. 또한 용맹한 기질을 가져 어떤 상대와 맞서든 쉽게 물러서는 법이 없지요. 다리가 짧으므로 뱃살이 찌지 않게 주의할 필요가 있습니다.

| 키 | 21~27센티미터 | 몸무게 | 7~15킬로그램 |

웰시코기

영국 웨일스 지역이 원산지인 개입니다. 농장에서 가축몰이를 하는 데 이용되어 왔습니다. 다리가 짧아 몸집이 큰 가축들 아래를 오가기에 편한 장점이 있지요. 반려견으로도 많은 사랑을 받았는데, 특히 영국 엘리자베스 2세 여왕이 좋아해 한꺼번에 수십 마리를 길렀다고 알려져 있습니다. 한편 웰시코기는 '펨브로크웰시코기'와 '카디건웰시코기'로 나뉩니다. 펨브로크웰시코기가 카디건웰시코기에 비해 몸집이 조금 작지요. 웰시코기는 무엇보다 다리가 매우 짧은 특징이 있습니다. 또한 머리가 크고, 주둥이가 긴 편이며, 목을 비롯해 몸통이 굵은 모습이지요. 가슴과 어깨 근육이 발달했고, 탐스러운 엉덩이를 가졌습니다. 삼각형 모양의 귀가 쫑긋 서 있으며, 펨브로크웰시코기의 경우 꼬리가 짧거나 거의 없지요. 그 이유는 카디건웰시코기와 달리, 어릴 때 꼬리를 잘라주는 관습에서 비롯된 것입니다. 털 색깔은 갈색, 검은색, 회색 등이며 흰 털이나 검은 털이 섞여 있지요. 이 개는 온순하고 활달한 성격입니다. 사람을 잘 따르고 운동을 좋아하지요. 그런데 털이 많이 빠지는 단점이 있습니다.

키 펨브로크웰시코기(25~30센티미터), 카디건웰시코기(28~33센티미터)

몸무게 펨브로크웰시코기(10~12킬로그램), 카디건웰시코기(11~17킬로그램)

바셋하운드

프랑스를 대표하는 사냥개 가운데 하나입니다. 프랑스어로 '바셋'에는 '낮다, 짧다'라는 의미가 담겨 있지요. 그래서 바셋은 다리가 짧은 사냥개들을 일컫는 단어로 쓰이기도 합니다. 지난날 이 개는 주로 작은 초식동물을 사냥하는 데 이용됐지요. 순발력은 그저 그렇지만 지구력이 뛰어납니다. 아울러 후각이 발달했고, 짖는 소리가 크지요. 우리나라에서는 흔히 '허시파피'라고 부르기도 합니다. 바셋하운드는 크고 둥근 머리 양쪽으로 늘어진 커다란 귀를 갖고 있습니다. 또한 보통 길이의 주둥이와 더불어 순해 보이는 갈색 눈동자도 눈에 띄지요. 다리에 비해 긴 몸과 튼튼한 목, 두툼한 발, 끝으로 갈수록 가늘어지는 꼬리를 가진 모습입니다. 온몸에는 부드럽고 짧은 털이 덮였는데, 털 색깔은 일반적으로 흰색 바탕에 갈색이나 검은색 무늬가 섞여 있지요. 하지만 그 밖에도 다양한 털 색깔이 존재합니다. 이 개는 겉모습의 이미지처럼 영리하고 순종적이며 주인을 잘 따릅니다. 공격성이 별로 없고 침착하지만, 겁쟁이는 아니지요. 한번 고집을 부리면 꽤 단호한 면도 보입니다.

키 33~38센티미터　**몸무게** 18~29킬로그램

코커스패니얼

이 개는 주로 영국에서 키워졌는데, 도요새 사냥을 잘해 '코커'라는 이름을 갖게 됐습니다. 그 후 1600년대 초 미국에 전해져 또 다른 코커스패니얼이 탄생했지요. 앞에 것을 '잉글리시코커스패니얼', 뒤의 것을 '아메리칸코커스패니얼'이라고 합니다. 잉글리시코커스패니얼과 달리 아메리칸코커스패니얼은 대부분 사냥에 이용되지 않고 반려견으로 자리 잡았지요. 코커스패니얼은 온몸에 비단실 같은 멋진 털이 덮여 있습니다. 둥근 머리에 보통 길이의 주둥이, 그리고 기다란 귀를 어깨까지 늘어뜨린 모습이지요. 아울러 목이 길고 등이 곧으며, 꼬리는 대부분 어릴 때 잘라줘서 짤막한 형태입니다. 털에 싸여 잘 보이지 않지만 다리가 튼튼하고 발은 두툼하지요. 무엇보다 이 개는 털의 웨이브가 아름답고 윤기가 흐르는 것이 특징입니다. 털 색깔은 검은색, 황갈색, 적갈색 같은 단색이거나 흰색과 검은색이 조화를 이룬 것 등 다양하지요. 앞서 설명한 두 가지 종류 모두 겉모습이 비슷한데, 잉글리시코커스패니얼의 주둥이가 조금 긴 편입니다. 코커스패니얼은 매우 활동적인 견종입니다. 성격이 밝아 사람들과도 잘 어울리지요.

키 35~40센티미터　　**몸무게** 10~16킬로그램

스탠더드슈나우저

슈나우저 견종의 세 종류 가운데 중간 크기의 개입니다. 독일이 원산지로, 슈나우저라는 이름은 '주둥이'를 뜻하는 독일어에서 유래했지요. 스탠더드슈나우저는 주로 농장에서 목축을 돕거나 사냥개로 이용되었습니다. 전쟁터에서는 경비견으로 활약하기도 했고요. 우리나라에서는 미니어처슈나우저를 반려견으로 기르는 경우가 대부분입니다. 스탠더드슈나우저의 겉모습은 슈나우저 견종의 특징을 두루 갖추었습니다. 보통 크기의 머리에 끝이 뭉툭한 주둥이를 가졌으며, 조금 커 보이는 귀를 반쯤 눕히거나 세우고 다니지요. 무엇보다 주둥이 주변에 수염 같은 털이 풍성한 것이 눈에 띕니다. 이 개의 목은 튼튼하고, 등은 곧게 뻗었으며, 똑바로 일어선 형태의 꼬리는 짧게 잘라주는 경우도 있지요. 아울러 온 몸에는 거칠고 뻣뻣한 느낌의 털이 촘촘히 나 있습니다. 털 색깔은 검은색을 비롯해 흰 털과 검은 털이 섞여 희끗희끗해 보이는 것으로 구분되지요. 이 개는 온순하고 활달한 성격입니다. 겁이 별로 없고, 참을성이 많은 면도 보이지요. 주인을 잘 따르며, 어린이들과 어울려 노는 것을 즐깁니다.

| 키 | 45~50센티미터 | 몸무게 | 14~22킬로그램 |

베들링턴테리어

테리어 견종 중에서 가장 오랜 역사를 자랑하는 개입니다. 영국 북부 로스버리 지역이 원산지이지요. 그래서 한때는 '로스버리 테일러'라고 부르기도 했습니다. 옛날에는 쥐나 토끼를 잡는 데 이용했지만, 19세기 후반부터 귀족들이 반려견으로 키우기 시작했지요. 베들링턴테리어의 겉모습은 온 몸에 곱슬거리는 털이 덮인 양과 닮았습니다. 얼핏 긴 원통 같아 보이는 머리 모양을 가졌는데, 실제로 두개골의 폭이 좁고 세로 길이가 긴 형태입니다. 주둥이는 눈 아랫부분을 넓게 차지하고요. 아울러 눈은 작은 편이며, 중간 크기의 귀가 평평하게 늘어져 있습니다. 몸은 전체적으로 근육이 발달했고, 목이 길며, 등이 아치처럼 둥그렇지요. 꼬리는 보통 길이로 낮게 늘어뜨리며, 긴 다리를 갖고 있습니다. 아치형 등과 긴 다리는 빠르게 달리는 개들의 특징이기도 하지요. 털 색깔은 황갈색, 적갈색, 푸른색 등 단색이거나 두 가지 색이 섞여 독특한 색감을 내보입니다. 항상 자신만만하고 에너지가 넘치는 성격입니다. 평소에는 온순하지만 다른 개들에게 사납게 굴 때가 있지요. 주인에 대한 충성심은 강하며, 눈치도 빠른 편입니다.

- **키** 38~44센티미터
- **몸무게** 7~10.5킬로그램

비글

영국이 원산지인 개입니다. 아주 오래 전부터 토끼 등을 사냥하는 데 이용돼 왔지요. 요즘은 뛰어난 후각 기능을 살려 마약 탐지견으로 활약하거나, 각종 연구실에서 실험용 개로 희생됩니다. 그런 면에서는 인간을 위해 가장 큰 공헌을 하는 견종이라고 이야기할 수 있지요. 그 밖에도 이 개는 귀여운 외모 때문에 애니메이션 등에 종종 등장합니다. 비글은 작지만 단단한 몸을 갖고 있습니다. 어디 한군데 군살이나 허술한 부분이 없어 보이지요. 반원형 머리에 두툼한 주둥이, 적당히 쳐진 입술, 착한 이미지를 더하는 큼지막한 눈, 턱 아래까지 늘어진 커다란 귀가 있고요. 거기에 기다란 목과 곧게 뻗은 등, 보통 길이의 튼튼한 꼬리, 탄력 있는 다리도 눈길을 끕니다. 또한 온 몸에는 짧고 매끄러운 털이 촘촘히 나 있는 모습이지요. 털 색깔은 검은색, 흰색, 황갈색이거나 그러한 세 가지 색이 섞인 얼룩무늬로 구분됩니다. 드물게 흰색 바탕에 다른 색깔이 하나만 섞인 경우도 있고요. 비글은 온순하고, 활달하며, 낙천적인 성격입니다. 사교성이 좋아 애교도 많지요. 사냥개의 본능이 남아 날렵하게 행동하지만 공격적이지는 않습니다.

키 30~40센티미터 **몸무게** 10~18킬로그램

미니어처핀셔

독일이 원산지인 개입니다. 마치 도베르만의 축소판 같은 외모를 가졌지요. 19세기까지는 주로 쥐 잡는 개로 길러지다가, 오늘날의 모습으로 개량되었다고 합니다. 흔히 '미니핀'이라고도 부르며, 유럽에서는 매우 인기 있는 반려견 중 하나로 손꼽힙니다. 미니어처핀셔는 새끼고라니처럼 가냘픈 몸이 사람들의 보호본능을 자극합니다. 전체적인 몸의 형태는 정사각형에 가까우며, 둥근 머리에 기다란 주둥이를 갖고 있지요. 반짝거리는 짙은 갈색 눈과 쫑긋 서 있는 크고 얇은 귀, 윤기가 흐르는 검은 코는 이 개의 야무진 이미지를 더해줍니다. 아울러 긴 목과 곧은 등, 긴 다리, 대부분 짧게 잘라주는 꼬리 역시 미니어처핀셔의 특징을 잘 보여주지요. 이 개는 가늘고 기다란 다리로 경쾌하게 걷는 모습이 말의 걸음걸이를 연상시키기도 합니다. 털은 매우 짧고 매끄러우며, 색깔은 적갈색을 비롯해 황갈색이 섞인 검은색으로 구분됩니다. 이 개는 활달하고 자신만만한 성격입니다. 겉모습과 달리 공격성도 꽤 있지요. 하지만 주인에 대한 애착은 여느 개 못지않습니다.

키 25~30센티미터　　**몸무게** 3~5킬로그램

이탈리안그레이하운드

이 개의 원산지는 이탈리아입니다. 이탈리안그레이하운드의 역사는 로마 제국까지 거슬러 올라가지요. 그레이하운드 견종을 조금씩 작게 개량해 오늘날의 모습을 갖추었습니다. 이 개는 특히 르네상스 시대 이후 유럽 여러 나라에서 많은 사랑을 받았다고 합니다. 이탈리안그레이하운드는 하운드 견종 가운데 가장 작습니다. 여느 하운드처럼 날씬한 체형에 세련된 부위기를 자아내지요. 작고 갸름한 머리에 코끝으로 갈수록 폭이 좁아지는 주둥이, 군살 없는 볼을 가졌습니다. 눈은 크고 둥글며, 머리 위쪽에 위치한 얇은 귀는 언뜻 날아가는 새의 날개처럼 보이지요. 또한 목이 길고, 등은 약간 아치형이며, 꼬리가 길게 뻗어 있습니다. 꼭 필요한 근육만 발달해 늘씬하게 뻗은 다리는 속력을 내기에 더없이 좋고요. 이탈리안그레이하운드는 비단실처럼 얇고 짧은 털이 온 몸을 덮고 있습니다. 털 색깔은 검은색, 푸른빛이 도는 회색, 옅은 황갈색 등으로 구분되지요. 이 개는 조용하고 온순한 성격입니다. 하지만 시각적 자극에 예민해 돌발행동을 하기도 합니다.

| 키 | 33~38센티미터 | 몸무게 | 3.5~5킬로그램 |

바센지

중앙아프리카를 중심으로 서식해온 야생 개였습니다. 인간에 의해 가축화된 후, 영국과 미국을 거치며 반려견으로 자리 잡았지요. 다른 개들과 달리 독특한 울음소리로 감정을 표현해 '짖지 않는 개'라는 별명을 얻었습니다. 또한 '콩고도그', '아프리카부시도그'라는 이름으로도 불리지요. 바센지는 날렵한 몸매에 긴 다리를 가져 매우 세련된 인상입니다. 머리와 주둥이의 형태가 야무지고, 쫑긋 선 두 귀에 총명한 기운이 반짝이는 눈동자 때문에 더없이 영리해 보이지요. 이마 한가운데에 있는 주름은 이 개의 눈에 띄는 특징 중 하나입니다. 아울러 근육이 발달한 긴 목과 도넛처럼 말아 올린 꼬리는 바센지의 매력을 완성하지요. 털 색깔은 검은색이거나 황갈색 바탕에 흰색, 붉은색 바탕에 흰색, 검은색 바탕에 흰색, 검은색 바탕에 황갈색 등 다양합니다.

이 개는 호기심이 많고 활동적입니다. 낯선 사람에게는 강한 경계심을 나타내지만, 주인에게는 한없이 다정한 태도를 보이지요. 시끄럽지 않고, 청결한 개입니다.

| 키 | 40~43센티미터 | 몸무게 | 9~13킬로그램 |

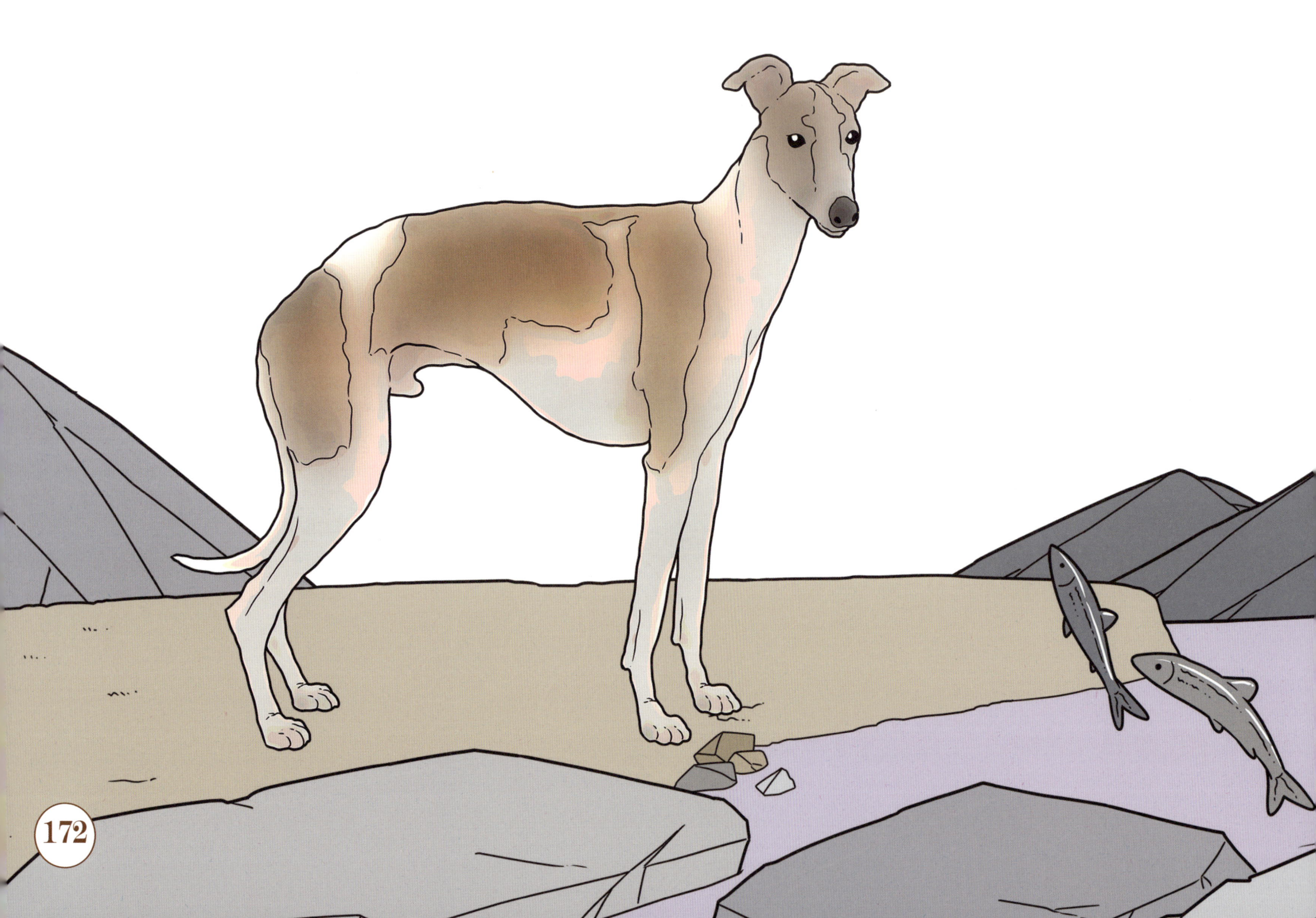

휘핏

영국이 원산지인 개입니다. 토끼 사냥을 위해 개량시킨 견종으로, 달리기 실력이 매우 뛰어나지요. 대략 12초만에 180미터 정도를 달린다고 합니다. 휘핏은 그런 재능 때문에 개 경주에도 이용되며 여러 가지 별명을 갖게 됐지요. 이를테면 '번개 같은 개', '가난한 사람들의 경주마', '스냅 도그' 등이 그것입니다. 휘핏의 겉모습은 하운드 견종의 특징을 두루 갖추고 있습니다. 작은 머리에 주둥이가 날렵하고, 가슴이 좁고 길며, 날씬한 허리에 긴 다리를 자랑하지요. 그리고 달릴 때는 작고 얇은 귀가 뒤로 젖혀지며, 가늘고 긴 꼬리가 몸의 균형을 잡는 데 도움을 줍니다. 몸 전체에 고르게 난 털 역시 짧고 매끄러워 공기 저항을 줄여주지요. 털 색깔은 검은색, 황갈색, 적갈색, 크림색, 흰색 등 다양합니다. 두 가지 색이 어울린 얼룩무늬도 있고요. 이 개는 성격이 온순하고 사교성이 좋아 반려견으로 적합합니다. 주인에 대한 충성심이 강하며, 다른 개들과도 잘 어울리지요. 야외 활동에도 적극적으로 나섭니다.

키 44~55센티미터   몸무게 7~12킬로그램

풀리

헝가리가 원산지인 개입니다. 그곳의 양치기 개들 가운데 몸집이 가장 작다고 합니다. 요즘은 헝가리에서 경찰견으로도 활약하며 빼어난 능력을 뽐내고 있지요. 개성 만점의 외모 덕분에 미국을 비롯한 유럽 여러 나라에서는 인기 높은 반려견으로 자리 잡았습니다. 풀리의 가장 큰 특징이라면 뭐니 뭐니 해도 온 몸을 수북이 덮고 있는 밧줄 모양의 털입니다. 길고 곱슬곱슬한 털 때문에 얼굴을 알아보기도 쉽지 않을 정도지요. 자세히 살펴보면 자그마한 머리에 보통 길이의 주둥이, 끝이 둥글고 늘어진 귀, 짙은 갈색의 눈동자를 가진 것을 알 수 있습니다. 목은 탄탄한 근육질이며, 등이 반듯하고, 짤막한 꼬리는 등 쪽으로 둥글게 말려 올라간 모습이지요. 다리는 곧은 형태로 뼈가 잘 발달되어 있고요. 털 색깔은 주로 검은색, 옅은 검은색, 회색으로 구분됩니다. 풀리는 머리가 영리하고 활동성이 뛰어납니다. 또한 겉모습과 달리 행동이 제법 민첩하지요. 온순한 성격으로 아이들과 잘 어울리며, 양치기나 경비견 역할도 훌륭히 해냅니다.

키 36~45센티미터   **몸무게** 10~15킬로그램

미니어처슈나우저

슈나우저 견종 가운데 가장 작은 개입니다. 독일이 원산지인데, 처음에는 쥐 같은 작은 동물을 잡기 위해 개량되었지요. 물론 오늘날에는 그와 같은 역할을 하기보다 많은 가정에서 반려견으로 키우고 있습니다. 미니어처슈나우저는 작고 다부진 이미지를 가진 개입니다. 키와 몸길이가 거의 비슷해 멀리서 보면 정사각형에 가까운 체형이지요. 둥근 머리에 끝이 뭉툭한 쐐기 모양의 주둥이, 보통 크기의 삼각형 귀, 주로 짧게 정리된 꼬리를 볼 수 있습니다. 아울러 근육이 발달된 튼튼한 목과 곧은 허리, 풍성한 털에 덮인 다리를 가진 모습이지요. 무엇보다 코와 입 주변에 길게 늘어진 수염이 이 개를 상징하는 특징이고요. 털 색깔은 검은색을 비롯해 검은 털과 흰 털이 섞인 것, 검은 털과 은빛 털이 섞인 것으로 구분됩니다. 미니어처슈나우저의 성격은 활동적이며 겁이 없습니다. 때로는 잘 짖고 짓궂은 장난을 즐기기도 하지요. 그럼에도 영리하고 민첩해 사랑스러운 면이 많습니다.

키 30~35센티미터　　**몸무게** 4~8킬로그램

셰틀랜드시프도그

영국이 원산지인 개입니다. 마치 콜리를 축소해놓은 듯한 외모를 가졌지요. 하지만 둘은 전혀 다른 견종이라고 합니다. 이 개는 지난날 셰틀랜드 섬에서 양 떼를 지키는 역할을 훌륭히 소화해냈습니다. 그 후 섬 밖으로 알려진 후, 요즘은 아름다운 모습 덕분에 반려견으로 더욱 사랑받고 있지요. '셸티'라는 애칭으로 불리기도 합니다. 셰틀랜드시프도그는 균형 잡힌 몸매를 가졌습니다. 쐐기 모양의 머리와 긴 주둥이, 목 주변을 중심으로 몸 전체에 긴 털이 덮여 있어 세련된 인상이지요. 짙은 갈색의 눈과 검은 코가 돋보이며, 제법 큰 귀는 쫑긋 서 있거나 끝부분이 앞으로 반쯤 접힌 모습입니다. 아울러 기다란 목을 당당히 세우고, 가슴이 발달했으며, 풍성한 털에 덮인 꼬리를 아래로 내려뜨리고 있지요. 다리의 경우, 앞다리는 곧고 뒷다리는 근육의 힘이 좋아 걸음걸이가 유연하고 우아합니다. 털 색깔은 흰색과 함께 검은색, 황갈색, 은청색 등이 어우러진 것이 일반적이지요. 흰색, 검은색, 황갈색, 세 가지 색깔이 적절히 섞인 것도 있고요. 이 개는 영리하고 온순합니다. 사람들과 스스럼없이 어울리는 등 활동적이기도 하지요.

키 32~40센티미터   **몸무게** 6~9킬로그램

스코티시테리어

스코틀랜드 산악 지대에서 유래한 개입니다. 옛날에는 작은 동물을 사냥하는 데 이용됐으며, '스코티'라는 애칭으로 부르기도 하지요. 테리어 견종 중에서는 스코틀랜드를 대표하는 개입니다. 스코티시테리어는 작지만 다부진 인상입니다. 다리가 짧은데도 행동이 재빨라 굴이나 땅속을 헤집는 데 안성맞춤이지요. 그런 외모가 작은 동물을 사냥할 때 큰 도움이 됐을 듯합니다. 이 개의 또 다른 특징은 몸집에 비해 머리와 주둥이가 길고, 이빨 역시 크고 단단하지요. 양쪽 눈 사이가 제법 멀고, 입 주변에 긴 털이 덮였으며, 삼각형의 큼지막한 귀를 가진 것 또한 빼놓을 수 없는 개성입니다. 아울러 근육질의 목이 길고, 가슴이 발달했으며, 보통 길이의 꼬리를 수직으로 세우고 있을 때가 많지요. 앞서 설명했듯 다리는 짧지만, 덩치에 비해 힘이 굉장히 좋습니다. 털 색깔은 검은색, 옅은 황갈색, 얼룩무늬로 구분되지요. 스코티시테리어는 영리하고 용감합니다. 이따금 흥분이 지나친 면을 보이지만, 성격이 밝고 호기심도 많습니다. 주인에 대한 충성심 역시 강한 편이지요.

| 키 | 25~28센티미터 | 몸무게 | 8~10.5킬로그램 |

아펜핀셔

독일이 원산지인 개입니다. 주로 뮌헨 등 독일 남부 지역에서 사육했지요. 19세기 말부터 반려견으로 큰 인기를 끌기 시작했는데, 원숭이를 닮은 외모가 눈길을 사로잡았습니다. 다만 우리나라에는 아직 널리 알려지지 않은 견종이지요. 아펜핀셔는 몸집이 작지만 탄탄한 골격을 갖추고 있습니다. 온 몸이 덥수룩한 털로 덮여 있는데, 특히 얼굴에 난 털의 독특한 형태 때문에 앞서 이야기했듯 얼핏 원숭이처럼 보이기도 하지요. 이 개는 둥근 머리에 이마가 약간 튀어나왔고, 주둥이가 짧으며, 자그마한 귀와 제법 큰 눈을 갖고 있습니다. 또한 다소 짧은 견고한 목과 짤막한 등 길이 때문에 전체적인 체형이 정사각형에 가까운 모습이지요. 꼬리는 낫처럼 휘어진 모양이고, 다리는 근육이 발달해 튼튼합니다. 털 색깔은 검정색, 검정 바탕에 황갈색, 짙은 회색으로 구분됩니다.
이 개는 작은 몸집에도 겁이 없어 당돌한 성격입니다. 경계심이 많고, 호기심도 강하지요. 그와 더불어 영리하고 사교성도 좋아 사람들의 사랑을 받습니다.

| 키 | 23~29센티미터 | 몸무게 | 3~4킬로그램 |

캐벌리어킹찰스스패니얼

영국이 원산지인 개로, 왕실 사람들에게 사랑받아 유명해진 반려견입니다. 17세기 찰스 국왕을 떠올리게 하는 '킹찰스'라는 이름이 그런 사실을 증명해주지요. '캐벌리어'라는 단어에는 찰스 국왕의 지지자라는 의미가 담겨 있기도 합니다. 캐벌리어킹찰스스패니얼은 앙증맞으면서도 우아한 이미지를 자랑합니다. 누구나 한번 보면 손을 내밀 만큼 귀여운 인상이지요. 이 개는 둥근 머리에 평평한 이마, 짧은 주둥이, 크고 동그란 눈, 풍성한 털에 덮여 아래로 길게 늘어진 귀를 갖고 있습니다. 또한 적당히 발달한 목과 가슴에 발랄하게 흔들어대는 꼬리 역시 소형 반려견을 상징하는 특징이지요. 네 다리도 균형감이 있어 걸음걸이가 뒤뚱대거나 잔망스럽지 않습니다. 털 색깔은 흰색 바탕에 적갈색, 흰색 바탕에 황갈색이 섞인 검은색을 비롯해 전체적으로 적갈색을 띠는 것 등입니다. 이 개의 성격은 외모와 어울리게 명랑하고 사교적입니다. 아울러 호기심이 많아 온갖 것에 관심을 보이지요. 두려움이 없어 아무나 잘 따르며, 여간해서는 공격성을 보이지 않습니다.

키 30~33센티미터   **몸무게** 5~8킬로그램

폭스테리어

영국이 원산지인 개입니다. 이름에서 알 수 있듯, 여우 사냥에 뛰어난 능력을 발휘했던 견종이지요. 19세기 말부터는 반려견으로 키워져 많은 사람들의 사랑을 받아왔습니다. 이보다 좀 더 몸집이 작은 토이폭스테리어는 장애인의 삶의 질을 높이는 '핸디도그'로도 활약하지요. 폭스테리어는 세계적인 음악가인 모차르트가 좋아했던 개로도 알려져 있습니다. 이 개는 테리어 견종 특유의 개성적인 외모를 잘 보여줍니다. 작은 머리에 주둥이가 길고, 입 주변에 기다랗게 수염이 나 있지요. 눈이 매우 총명해 보이며, 앞쪽으로 반쯤 접은 귀는 보통 크기입니다. 또한 목이 길고 튼튼하며, 몸길이가 짧은 편이지요. 털에 덮인 네 다리는 견고하게 몸을 지탱하고, 꼬리를 수직으로 치켜세울 때가 많습니다. 털 색깔은 흰색 바탕에 검은색과 황갈색 무늬가 섞인 것이 대부분이지요. 폭스테리어는 에너지가 넘치는 활동적인 개입니다. 지금도 여차하면 사냥에 나설 것처럼 몸동작이 민첩하지요. 가끔은 쉽게 흥분해 사나운 모습을 보이기도 합니다.

키 36~40센티미터   **몸무게** 7~9킬로그램